두 가지 재료로 만드는 147가지 레시피

싱글만찬

• **도움 주신 분들**
  모델 : 정라라
  재료 협찬 : CJ 제일제당 '스팸'

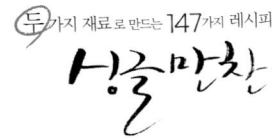

두가지 재료로 만드는 147가지 레시피
싱글만찬

펴낸날 초판 1쇄 2010년 6월 5일 | 초판 4쇄 2011년 4월 15일

지은이 문인영

펴낸이 임호준
이사 이동혁 | **편집장** 김소중 | **편집** 윤은숙 나정애 오세은 최덕철 윤세미
디자인 이지선 왕윤경 | **마케팅** 강진수 이유빈 | **경영지원** 김의준 나은혜 | **e-비즈** 표형원 공명식 최승진

펴낸곳 비타북스 | **발행처** ㈜헬스조선 | **출판등록** 제2-4324호 2006년 1월 12일
주소 서울특별시 중구 태평로1가 61 | **전화** (02) 724-7636 | **팩스** (02) 722-9339
홈페이지 www.vita-books.co.kr | **블로그** blog.naver.com/vitabooks

디자인 문예진 | **사진** 조은선(표지 및 완성컷) 신지호(과정컷) | **요리 스타일링** 문인영

ⓒ 문인영, 2010
사진 ⓒ ㈜헬스조선

이 책은 저작권법에 따라 보호를 받는 저작물이므로 무단 전재와 무단 복제를 금지하며,
이 책 내용의 전부 또는 일부를 이용하려면 반드시 저작권자와 ㈜헬스조선의 서면 동의를 받아야 합니다.

ISBN 978-89-93357-34-9 13590

• 책값은 뒤표지에 있습니다. 잘못된 책은 바꾸어 드립니다.

두 가지 재료로 만드는 147가지 레시피

싱글만찬
The Single's Great Recipe

문인영 지음

비타북스

여는글
양파 한 망 사기가 망설여지는 싱글을 위해

김장철 엄마 옆에 쪼그려 앉아 얻어먹는 김치에 행복해 하던 어린 시절, 생각해보면 그다지 대단한 재료가 들어가지 않아도 손가락 쪽쪽 빨 정도로 맛있었던 김치. 아무리 따라해봐도 도저히 엄마의 손맛이 나오질 않는다. 엄마 어깨 너머로 배운 요리, 그 요리가 좋아 어쩌면 무모하다고 해도 과언이 아닐 정도로 무작정 내딛은 푸드스타일링의 세계에서 나는 인생과 사람을 배우고 사랑을 얻었다. 만약 이 일을 좋아하지 않았다면 지금쯤 어떤 삶을 살고 있을지 상상조차 되지 않을 정도로 즐거운 마음으로 일하고 있다.

그렇다고 해서 푸드스타일링이 애들 소꿉장난하듯이 마냥 재밌는 일만은 아니다. 막상 일이 시작되면 또 다른 일과 일이 꼬리에 꼬리를 물고 끝도 없이 펼쳐진다. 요청에 맞게 메뉴를 구성하고, 꼭두새벽부터 일어나 신선한 재료를 장보는 일. 원하는 연출을 하기 위해 소품을 나르고 배치하고, 촬영 후 오롯이 내 몫이 되는 뒤처리…. 흔히 말해 '3D 업종' 못지않은 노동은 때론 나를 지치고 힘들게 만든다. 뿐만 아니다. 촬영이 끝나면 냉장고 가득 썩어 들어가는 재료의 외침이 들린다. 내일 아침 촬영에 쓸 재료는 없는데 냉장고는 터질 것 같다. 당장 장을 본다고 해도 넣을 공간이 없다. 꾸역꾸역 집어넣다보면 냉동실 저 구석에 오늘 장봐온 재료가 검은 비닐봉지 속에 떡하니 들어 있다.

직업이 푸드스타일리스트라 매일 요리를 하다보면 살림의 왕도를 알고 있을 것 같지만, 사실 나 또한 여느 싱글과 다름없는 삶을 살고 있다. 배는 고픈데 무언가를 먹기엔 너무 늦은 시간이라 배고픔을 참고 억지로 잠에 들기 일쑤고, 주말에 텅 빈 냉장고를 부여잡고 물만 주구장창 마시다가 결국엔 다 먹지도 못할 피자 한 판을 시켜버린다.

싱글의 숙명이란, 맘먹고 마트에 가도 파 한 단, 양파 한 망 사기가 망설여진다는 것이다. 그러던 어느 날, 딱 두 가지 재료만 사서 차려 먹고 음식물쓰레기는 최대한 버리지 않는다면, 그것보다 좋을 수 없다는 생각이 들었다. 그래서 하나 둘 나만의 요리를 개발해내고 싱글들의 고충을 들어보며 아이디어를 주고받은 결과, 이 땅의 모든 싱글, 1~2인 가족, 주말에만 요리를 만들어 먹는 회사원, 자취생을 위한 세상에 단 하나뿐인 요리책이 탄생한 것이다. 하루 종일 촬영하고 배는 고파오는데 촬영에 쓴 음식은 글리세린이나 수돗물을 넣어 도저히 먹을 수 없다. 하지만 굶주린 스텝들을 외면할 수 없어 냉장고를 열어 온갖 자투리 채소, 신김치, 밑반찬을 활용해 이런저런 싱글표 요리를 내놓으면, 어찌나 맛있게 먹는지.

"나도 냉장고에 신김치 많은데, 이렇게 만들어 먹으니까 맛있다!"
"이게 정말 두 가지만 넣고 만든 음식 맞아요?"
"저 어제 촬영 끝나고 선생님이 알려준 요리, 집에 가서 또 해먹었어요."

일주일 내내 손에 물 마를 날이 없는지라 일과 상관없는 요리를 만들라 하면 손 하나 까딱 움직이지 않는 나지만, 이렇게 내가 만든 요리를 맛있게 먹어주는 사람들이 좋다. 사람들에게 행복을 주는 요리는 만드는 사람마저 행복하게 한다.

이 한 권의 책이 나오기까지 각자의 자리에서 묵묵히 최선을 다해준 사랑하는 출판사 관계자 여러분, 그 외 많은 분들에게 감사드린다. 끝으로 강행군이었던 일정 속에서 묵묵히 나를 지원해준 지영, 고마웠어.

Contents

01 불변의 밥상 공식

싱글즈 밥상 수칙 10계명 12

꼭! 필요한 아이템 [주방도구] 14

꼭! 필요한 아이템 [양념] 16

꼭! 필요한 장보기 노하우 [마트 활용법] 18

꼭! 필요한 장보기 노하우 [과일과 채소] 20

요리의 기본 [4가지 기술] 24

요리비법노트 [밥과 국] 28

요리비법노트 [면 요리] 30

요리비법노트 [생선 요리] 31

요리비법노트 [아침식사] 32

요리비법노트 [남은 채소] 33

요리비법노트 [남은 김치, 엄마표 반찬] 34

주방생활백서 [남은 술] 35

주방생활백서 [냉장고 정리] 36

주방생활백서 [주방청소+설거지] 37

책 길라잡이 38

02 두 가지 재료로 만드는 밥상요리

오징어와 오이 오징어오이샐러드 / 오징어국 /
오이나물비빔밥 42

닭안심살과 시금치 시금치국 / 닭안심살간장조림 /
시금치고추장나물 44

조기와 부추 부추겉절이 / 조기고추장구이 46

참치와 파프리카 파프리카잡채 / 참치죽 48

쇠고기 잡채용과 우엉 우엉볶음 / 우엉찹쌀찜 /
쇠고기우엉전 50

베이컨과 마늘종 베이컨마늘종말이 / 매운마늘종조림 52

두부와 더덕 고추장두부구이조림 / 간장더덕구이 54

고등어와 양배추 고등어양배추찜 / 양배추김치 / 양배추국 56

돼지고기 불고기용과 쑥갓 돼지고기쑥갓찌개 / 쑥갓나물 58

크래미와 양상추 양상추쌈밥 / 양상추크래미냉채 60

삼치와 돼지호박 삼삼한 삼치조림 / 돼지호박볶음 62

닭다리살과 아스파라거스 닭다리살아스파라거스구이 /
아스파라거스초절임 64

새우와 양송이버섯 중국식새우양송이탕 / 양송이장아찌 66

스팸과 깻잎 스팸깻잎고추장찌개 / 깻잎조림 68

삼겹살과 무 삼겹살간장볶음 / 무생채 / 무국 70

굴과 마 마굴전 / 마구이 / 굴국 72

쇠고기 구이용과 미역 미역고추장무침 / 쇠고기미역국 /
쇠고기찹쌀구이 74

유부와 느타리버섯 느타리유부잡채 / 유부고추장된장찌개 76

닭가슴살과 브로콜리 브로콜리수프 /
브로콜리닭가슴살촉촉구이 78

주꾸미와 애호박 애호박새우젓국찌개 / 애호박구이양념장 /
주꾸미데침 80

돼지고기 잡채용과 피망 피망잡채 / 피망국 82

어묵과 배추 어묵배추된장국 / 배추굴소스볶음 84

대구전과 단호박 대구단호박탕수 / 단호박영양밥 86

쇠고기 불고기용과 콩나물 콩나물국 / 콩나물조림 /
쇠고기불고기 88

순두부와 표고버섯 표고버섯장조림 / 순두부버섯찌개 90

바지락과 미나리 미나리나물 / 바지락미나리국 92

비엔나소시지와 토마토 비엔나소시지토마토볶음 /
토마토샐러드 94

돼지고기 보쌈용과 청경채 동파육 / 청경채찜 96

낙지와 팽이버섯 낙지볶음과 팽이버섯 / 팽이버섯전 98

날치알과 숙주 칠리숙주나물 / 숙주날치알굴소스볶음밥 /
숙주오코노미야키 100

연두부와 가지 가지튀김 / 연두부탕 / 가지나물 102

꽁치와 도라지 도라지나물 / 꽁치양념구이 104

03 두 가지 재료로 만드는 일품요리

오징어와 오이 찹쌀오징어순대조림 108
닭안심살과 시금치 닭안심살시금치파스타 109
조기와 부추 부추오니기리 110
참치와 파프리카 참치파프리카밥전 111
쇠고기와 우엉 쇠고기우엉잡채밥 112
베이컨과 마늘종 베이컨마늘종볶음파스타 113
두부와 더덕 더덕밥 114
고등어와 양배추 양배추쌈밥 115
돼지고기와 쑥갓 돼지고기쑥갓덮밥 116
크래미와 양상추 와사비크래미양상추롤 117
삼치와 돼지호박 삼치카레파스타 118
닭다리살과 아스파라거스 닭다리살간장덮밥 119
새우와 양송이버섯 새우양송이크림파스타 120
스팸과 깻잎 스팸깻잎주먹밥 121
삼겹살과 무 무밥 122

굴과 마 굴밥 123
쇠고기와 미역 쇠고기양념장을 곁들인 미역밥 124
유부와 느타리버섯 느타리유부국수 125
닭가슴살과 브로콜리 닭가슴살브로콜리샌드위치 126
주꾸미와 애호박 주꾸미볶음덮밥 127
돼지고기 잡채용과 피망 돼지고기떡볶이 128
어묵과 배추 배추볶음쌈장과 어묵구이 129
대구전과 단호박 단호박크림파스타 130
쇠고기와 콩나물 콩나물밥 131
순두부와 표고버섯 양념순두부를 올린 표고구이덮밥 132
바지락과 미나리 봉골레스파게티 133
비엔나소시지와 토마토 비엔나소시지토마토리조또 134
돼지고기 찜용과 청경채 청경채돼지고기탕면 135
낙지와 팽이버섯 낙지팽이버섯우동 136
날치알과 숙주 숙주볶음우동 137

연두부와 가지 가지연두부덮밥 **138**
꽁치와 도라지 도라지고추장구이덮밥 **139**

04 한 가지 재료로 만드는 재활용요리

달걀 달걀파볶음밥 / 달걀탕 / 뚝배기달걀간장찜 **142**
남은 채소 모듬밥 / 구운채소커리 / 채소당면덮밥 **144**
고추 고추양념장 / 고추찹쌀찜 / 고추장아찌 **146**
양파 양파김치 / 납작양파구이 / 양파피클 **148**
파 대파조림 / 파생채 / 된장파구이 **150**
마늘 알리오올리오파스타 / 마늘조림 / 마늘밥 **152**
당근 당근맛탕 / 당근전 / 당근김치 **154**
감자 감자수프 / 감자팬케이크 / 감자국 **156**
삼겹살 삼겹살채소덮밥 / 삼겹살샐러드 **158**
족발 마늘소스냉채족발 / 매콤족발볶음 **160**

치킨 유린기 / 파절이치킨 **162**
보쌈 김치찜보쌈 / 고추장양념보쌈 **164**
신김치 김치파스타 / 김치떡볶이 **166**
깍두기 깍두기볶음밥 / 깍두기김치찌개 **168**
명절음식 나물밥누룽지 / 가래떡나물피자 **170**
밑반찬 오차즈케 / 밑반찬김밥 **172**

찾아보기 **174**

The Single's Great Recipe

… # #01
불변의 밥상 공식

진짜 이모보다 친한 밥집 이모, 냉장고엔 유통기한 지난 재료만 가득
이제부턴 알뜰하게 사서 야무지게 만들어 먹고 오랫동안 보관하고 싶어
싱글의 식탁에 한 줄기 빛과 소금 같은 밥상 공식,
이제부터 꼼꼼히 읽고 실천한다면 요리가 쉬워질 거야

『싱글즈 밥상수칙 10계명』

01 밥은 2인분만 만든다
밥을 1인분씩 만드는 것보다는 2인분 정도 만들자. 한 끼는 바로 먹고 한 끼는 뜨거울 때 포장하여 냉동보관했다가 전자레인지에 해동하면 방금 지은 밥맛을 느낄 수 있다. 볶음밥이나 라면 등을 먹을 때에도 유용하다.

02 반찬은 3가지로 제한하자
너무 많은 반찬을 이것저것 만들어 먹으면 아무리 소량씩 해도 결국엔 남기 마련이다. 그렇다고 김치만 하나 딱 꺼내놓고 먹는 것은 영양적으로도 불균형하고 처량해보이기까지 하다. 3가지 정도의 반찬을 꺼내 놓고 건강하게, 간단하게, 알뜰하게 먹는 것이 좋다.

03 다양한 조리법과 양념을 활용한다
여러 가지 재료를 사서 요리하면 좋지만 그 뒷감당은 너무 힘들다. 간단한 재료를 구입해서 요리를 하되 볶기, 굽기, 찌기, 끓이기 등의 조리법과 된장, 고추장, 간장 등의 다양한 양념을 활용하여 입맛을 돋운다. 또 빨간색이거나 초록색뿐인 일색의 밥상보다는 다양한 색이 고루 있는 밥상이 식감을 자극한다.

04 요리, 쉽게 생각하자
식재료 개수에 구애받지 않고 같은 식재료로 다양한 요리를 하면서 스트레스를 받지 않는 것이 이 책에서 다루고 있는 요리법의 핵심이다. 요리는 손질하기, 양념하기, 익히기 3단계의 단순한 절차를 거친다는 점만 알고 있으면 즐기면서 요리할 수 있다. 다양한 도구 없이 간단하게 웍이나 전자레인지만 있어도 웬만한 요리는 가능하기 때문에 무작정 어려워하기보다 여러 방법으로 시도해보는 게 좋다. 도구는 보관이 용이한 것을 선택한다. 여러 가지 밀폐용기들은 한 세트쯤 가지고 있으면 이래저래 쓸모가 많다. 유리 밀폐용기에 음식을 담아 놓았다가 팬으로 데워서 그릇에 담거나, 바로 그릇에 담아 전자레인지에 돌리면 설거지거리가 줄어든다.

05 음식물쓰레기가 남지 않도록 소량만 만든다
냉장보관으로 식어버린 반찬이 먹기 싫은 사람들은 딱 한 끼만 먹을 수 있도록 1인분 단위로 조리하는 것이 좋다. 매끼 반찬을 만드는 것이 귀찮다면 두 끼 정도의 반찬을 만들어두자. 싸고 양이 많은 식재료보다는, 단위당 가격이 비싸더라도 신선하고 손질이 되어 있기 때문에 버리는 부분이 거의 없는 식재료나 유기농 재료를 구매하는 것이 더 건강하게 식사를 즐길 수 있는 방법이다. 어떤 반찬이라도 냉장고에 한 번 들어갔다가 나오면 처음 만든 것만큼 맛있지 않은 게 당연하다. 전류는 전자레인지보다 프라이팬에 데우는 것이, 무침류는 참기름이나 다진 파, 통깨 등을 넣고 한번 더 버무리는 것이 새것처럼 먹을 수 있는 방법이다.

06 균형 있는 식사를 한다

아무리 간단하게 먹더라도 최소한의 탄수화물, 지방, 단백질, 비타민, 무기질을 섭취하도록 한다. 조리 방법과 식생활을 잘 살펴보면 방법은 간단하다. 사람들은 기본적으로 밥을 먹고 기름을 사용해 요리를 하므로 탄수화물과 지방은 신경 쓸 필요가 없다. 하지만 단백질과 비타민, 무기질은 신경을 써서 섭취해야 한다. 한 끼를 먹더라도 고기류나 콩으로 만든 제품 등을 하나쯤 끼워 놓고, 반드시 신선한 채소나 김치, 나물류 등을 같이 먹으면 된다. 과일을 먹기 힘들다면 과일주스라도 챙겨 마시는 것이 대안이다.

07 냉장고를 먼저 열어본 후 장을 본다

배가 고플 때 장을 보면 그다지 필요 없는 식재료를 사게 된다. 냉장고를 확인하지 않고 장을 보면 있는 재료를 또 사는 경우도 있다. 반드시 냉장고와 냉동고를 확인하고 장을 보아야 알뜰하고 신선한 재료를 구입할 수 있다. 보관한 재료들을 포스트잇에 써서 냉장고에 붙여 놓으면 이것저것 넣어놓은 냉동실을 일일이 확인하지 않아도 되므로 좋다. 포스트잇도 귀찮다면 장 본 영수증을 냉장고에 붙여놓고 먹은 것은 체크해 둔다.

08 사먹는 음식과 반찬은 가급적 피한다

아침을 거르기 일쑤, 점심은 원하지 않아도 사먹어야 하고, 저녁은 각종 약속에 회식 등으로 때우기 때문에 현대인의 몸은 외부 음식과 떼려야 뗄 수 없는 상태이다. 집에서 먹을 때만이라도 되도록 직접 만들어서 신선하고 건강한 음식을 먹도록 노력하자.

09 식욕을 돋을 수 있도록 준비하자

'혼자 먹는 건데 귀찮아' 하면서 자꾸 끼니를 대충 때우다 보면 몸도 망가지고 입맛도 떨어진다. 사먹거나, 아니면 이도저도 아닌 군것질로 끼니를 때우지 않기 위해선 간단하게 먹어도 최대한 식욕을 돋을 수 있도록 준비하는 것이 좋다. 음식을 담더라도 가운데 부분을 봉긋하게 담아 식감을 준다든지, 다양한 색으로 다채롭게 차리는 것이 좋다. 고추장찌개, 김치, 오징어고추장무침보다는, 노란색 달걀말이, 녹색 시금치나물, 빨간색 김치찌개가 훨씬 식감을 자극할 것이다. 또 나만을 위한 예쁜 그릇을 준비하면 기분전환에 좋고, 식사 후의 디저트를 위한 예쁜 티포트나 머그잔을 마련하는 것도 한 방법이다.

10 내 건강은 내가 챙기자

집에서 먹을 때만은 화학조미료와 자극적인 음식은 경계하면서, 영양소는 높고 칼로리는 낮은 음식을 조리한다. 꼭 유기농 식재료를 먹지 않더라도 모든 음식에 들어가는 간장, 된장, 고추장, 설탕만 조심해도 이미 '웰빙'에 절반은 다가선 것이다. 양조간장이나 진간장 대신 조선간장을, 된장이나 고추장도 집에서 만든 것을 사용하거나 재료를 따져보고 구입하는 게 좋다. 맛소금보다는 구운 소금이나 정제되지 않은 소금을, 설탕보다는 조청을, 맛술보다는 청주를, 화학조미료보다는 직접 갈아 만든 육수 파우더를 사용하자. 한번 요리할 때 조금씩 사용하는 양념만은 과감하게 투자해야 몸을 망치지 않는다.

꼭! 필요한 아이템 『주방도구』

얇은 플라스틱 도마 도마는 어떤 재질이든지 칼집 사이로 세균이 번식하는 것이 가장 위험하므로 그 전에 도마를 교체해주는 것이 좋다. 두꺼운 도마는 요리를 할 때는 편리하지만 무겁다는 단점이 있다. 반면에 너무 얇은 도마는 탄력성이 떨어지고 칼질을 할 때 '딱딱' 소리가 나서 불편하다. 적당히 얇은 도마는 가볍고 쉽게 휘어지므로 음식을 냄비나 그릇에 쓸어 담을 때 좋고 보관도 용이하다. 가격도 저렴하기 때문에 주기적으로 소독하기 힘들 때는 자주 바꿀 수 있어 좋다. 도마는 고무 같은 재질의 0.2cm 정도 두께를 추천한다.

가위와 집게 칼질을 못하는 사람들에게 절대적으로 필요한 것이 주방용 가위이다. 집게로 음식물을 집어 가위질을 하면 도마 없이도 쉽게 음식을 자를 수 있다. 가위와 집게는 김치나 김을 자르거나 고기를 구울 때, 면 요리를 건질 때도 유용하다. 특히 집게는 팬 위의 음식을 뒤적거리거나 뒤집을 때도 유용하다. 코팅팬에는 집게 끝에 실리콘 처리가 되어 있는 제품을 쓰면 팬을 망가뜨리지 않고 사용할 수 있다. 실리콘 집게는 고온에 강하며 직접적으로 닿지 않는 한 녹지 않는다.

국자 국을 담을 때 반드시 필요한 것이 국자. 그냥 없이 살자 생각하고 장만해놓지 않으면 감수해야 할 불편이 너무 크다. 종류와 크기가 다양한 국자는 각자 쓰임새가 다르지만, 앞에 주둥이가 있는 국자를 하나 장만할 것을 추천한다. 작은 컵에 국물을 담을 때나 소스 등을 끼얹을 때 유용하게 사용할 수 있기 때문이다. 또 국자의 용량이 어느 정도인지 알고 있으면 계량할 때 편리하다.

알뜰주걱 불에도 녹지 않는 실리콘 소재로 된 알뜰주걱 하나만 있으면 볶음 요리를 할 때, 반죽을 만들 때 유용하게 쓸 수 있다. 특히 여기저기 조금씩 남아 있는 양념류 등을 덜어 낼 때 사용하면 금상첨화. 날이 큰 것은 볶음 요리를 하거나 팬에 사용하고, 작은 것은 소스류를 만들거나 뜰 때 사용하면 편리하다.

웍 중국식 팬이라고 불리는 넓고 움푹한 팬을 '웍'이라고 한다. 이것 하나만 있으면 다른 냄비나 프라이팬이 없어도 웬만한 요리는 모두 만들 수 있다. 너무 큰 웍보다는 중간 크기(24cm 정도)의 웍을 가지고 있는 것이 보관하기에 용이하다. 볶음 요리를 할 경우에는 팬이 오목해서 밖으로 음식이 튀어나가지 않으므로 프라이팬보다 편리하다. 국물 요리를 할 경우에 재료를 볶다가 끓일 때에도 윗부분이 넓어서 볶기에 안성맞춤이다. 간단하게 채소를 데치거나 삶을 때에도 유용하게 활용할 수 있다.

기본 활용 그릇 밥과 국을 모두 담을 수 있는 크기의 사발을 갖추고 있으면 국그릇과 밥그릇을 모두 사용하지 않아도 되어 편리하다. 생선을 담을 수 있는 길쭉한 그릇, 양념을 담을 수 있는 작은 종지를 갖고 있으면 깔끔한 식사를 할 수 있다. 또 라면을 담을 수 있을 정도의 그릇을 하나 가지고 있으면 비빔밥을 해먹거나 탕을 담을 때도 편리하다. 반찬그릇이 여러 개 있으면 좋지만 여러 칸으로 나뉘어져 있는 그릇을 하나 구비해놓으면 그때마다 조금씩 반찬을 덜어 먹을 수 있으므로 좋다. 사기나 유리, 스테인리스로 된 것이 더 안전하며 설거지하기에 좋다. 플라스틱으로 된 것은 가볍고 편하지만 기름때는 잘 지지 않으므로 유의해서 사용해야 한다. 지름이 27cm 정도 되는 큰 그릇을 사용하면 많은 양의 음식을 담을 때 편리하다.

밀폐용기 300ml 안팎의 용기를 가지고 있으면 그때그때 조금씩 손질하고 남은 재료를 넣기에 좋다. 또한 반찬을 보관하기에도 좋으며, 각각 뚜껑이 있어 일일이 랩을 싸서 밀봉할 필요가 없다. 플라스틱으로 된 것도 편리하지만, 유리로 만든 밀폐용기를 사용하면 좀 더 건강하게 음식을 보관할 수 있다.

종이호일 찜 요리나 구이 등을 만들 때 밑에 까는 종이호일은 특히 생선을 구울 때 바닥에 눌어붙지 않게 해주는 역할을 한다. 찜기가 없어도 웍 바닥에 종이호일을 깐 뒤 물을 조금 넣고 뚜껑을 덮어서 조리하면 눌거나 타지 않아 좋다.

키친타월 평소 행주를 잘 관리하지 못할 바에는 키친타월을 사용하자. 키친타월은 쓰고 바로 버릴 수 있으므로 행주보다 위생적이다. 팬에 기름기를 제거할 때 가장 유용하지만 특히 약간 도톰한 키친타월은 국물 등을 엎었을 때나 청소할 때에도 편리하다.

꼭! 필요한 아이템
『양념』

간장
고추장
된장
고춧가루
허브솔트
정종

국간장 간장은 종류별로 여러 개를 살 필요 없이 국간장 하나만 있으면 나물, 조림, 국물 모두에 사용할 수 있다. 시중의 합성첨가물이 들어 있는 간장보다는 어머니가 만들어주신 것이나 믿을 만한 재래장을 만드는 곳에서 구매하는 것이 좋다. 굳이 그런 장을 찾지 않더라도 백화점이나 대형마트에 가면 이름 있는 명인들이 직접 만든 장이 있다는 것 또한 알아두자. 단 브랜드마다 짠맛과 단맛이 차이날 수 있으므로 요리할 때 주의하는 것이 좋다. 이 책에 있는 모든 간장은 조선 재래간장, 국간장이므로 개인의 입맛에 따라 짠맛을 조절하는 것이 좋다.

다시마 육수 시중에 파는 자른 다시마(5x5cm 정도 크기)를 사용하면 편리하다. 다시마의 겉면에 묻어 있는 하얀 염분을 젖은 키친타월로 가볍게 닦아낸 후 물과 함께 냄비에 넣고 끓여 사용한다.

고추장과 된장 간장과 마찬가지로 합성첨가물이 들어 있는 것보다는 전통방법으로 만든 것을 사용하는 것이 좋다. 오랫동안 보관이 가능하니 만약 남는 장이 있다면 버리지 말고 남은 채소들을 박아 넣어서 고추장 장아찌, 된장 장아찌를 만들어 먹자.

고춧가루 가는 것, 중간 것, 굵은 것을 두고 용도별로 쓰는 것이 정석이나 간단하게 사용할 것이라면 가는 것만 두고 쓰는 것이 편하다. 맛도 금방 우러나오고 잘 풀어지며 보기에도 좋다. 색깔이 고운 것을 사용하는 것이 요리를 했을 때 보기에 좋은데 적당한 크기의 통에 쓸 분량만큼 담아두고 나머지는 냉동보관하면 된다.

정종 향도 좋고 잡내 제거에 탁월하다. 화이트 와인이 없다면 정종으로 대신해도 좋다. 냉장고에 넣어두고 조금씩 쓰면 되는데 정종을 따로 구입하기 부담스럽다면 집에 남는 소주를 사용해도 좋다.

설탕과 조청 정제한 것보다는 정제하지 않아 미네랄이 남아 있는 유기농 설탕을 사용하는 것이 좋다. 100% 쌀로 만든 조청을 사용하면 자연스럽고도 건강한 단맛을 즐길 수 있다.

굴소스 볶음요리는 물론 국물 요리, 드레싱으로도 다양하게 활용할 수 있는 양념이다. 별것 아닌 요리도 굴소스를 넣고 요리하면 중화요리의 맛이 나니 구비하고 쓸 만하다.

허브솔트 다양한 허브가 섞여 있어서 다른 재료를 특별히 넣지 않아도 향과 맛이 깊어진다. 고기가 거의 다 구워졌을 때 소금 대신 뿌리면 맛도 좋고 잡내도 사라진다. 특히 허브를 사용하는 요리에 조금씩 넣으면 좋은데 파스타나 양념을 하지 않은 구이요리 등에 넣으면 깔끔하다.

참기름과 들기름 보관기간이 길어지면 향이 날아가기 쉬우므로 반드시 뚜껑을 잘 닫고 냉장실에 보관하는 것이 좋다. 유통기간이 지난 것은 몸에 해로울 수 있으니 아까워 말고 과감히 버리자. 아랫부분에 침전물이 가라앉아 있다면 찝찝해 하지 말고, 깨의 섬유질이니 사용할 때 흔들어서 먹자.

카레 육류요리의 비린내를 제거할 때, 튀김옷을 만들 때 등 어디든지 활용할 수 있고, 라면을 끓일 때도 넣으면 별미이다. 취향에 따라 우유나 고춧가루 등을 첨가하면 부드러운 맛, 매콤한 맛도 연출할 수 있다. 파스타를 만들어 먹을 때도 넣으면 색다른 맛이 난다(크림소스를 만들 땐 1인분당 2큰술 분량의 카레 분말을 잘 풀어서 넣으면 된다).

연겨자와 와사비 여러 가지 찍어먹는 양념장에 조금씩 넣어도 좋고 마요네즈가 들어가는 음식이나 느끼한 음식, 잡내가 있는 음식에 조금씩 넣어도 깔끔한 맛을 낸다.

통깨 미리 갈아서 두면 금방 산화되므로 먹기 직전에 바로바로 갈아서 쓰는 것이 향도 좋고 맛도 좋다. 깨갈이가 없으면 엄지손가락과 검지손가락으로 눌러 비비듯이 문질러주면 쉽게 갈린다.

칠리소스 모든 음식에 다 뿌려 먹을 수 있는 게 칠리소스다. 간장을 찍어먹던 전에도 곁들이고, 식초와 올리브유를 조금씩 더 섞어 샐러드드레싱으로 활용해도 좋다.

전분가루 농도를 진하게 할 때나 튀김을 할 때 두루두루 사용한다. 냉동실에 보관하고 사용하면 되는데 감자전분의 비율에 따라 가격이 천차만별이므로 감자 함량이 높은 것으로 구입한다.

》 면 100배 활용하기

소면 소면만 금방 삶아서 간장과 참기름, 깨소금을 넣고 비벼 먹어도 맛있고, 김치에 설탕, 식초, 참기름으로 양념해서 비벼 먹어도 맛있다. 전날 끓여놓은 국이 남았다면 거기에 넣어 먹어도 훌훌 잘 넘어가고 밤참에도 그만이니 한 봉씩 사두면 요긴하게 쓸 수 있다.

스파게티 유통기한도 길고 2,000원 안팎으로 한 번 사면 최소 다섯 번은 먹을 수 있다.

당면 자른 당면이나 지퍼팩에 포장되어 있는 당면은 번거로운 당면 손질에 대한 고민을 없애준 고마운 제품이다. 불고기나 전골, 국물요리를 만들 때 조금씩 넣으면 색다른 분위기가 난다.

꼭! 필요한 장보기 노하우 『마트 활용법』

리스트를 작성한다 장을 보기 전에 반드시 냉장고와 냉동고 속 물품을 정리하여 리스트를 작성한다. 냉장고 문에 포스트잇을 붙여놓고 평소 냉장고에 있는 것들을 하나씩 적어두자. 먹은 것과 남아 있는 것들은 따로 체크한다. 평소 식재료를 검은 봉지에 넣어두면 열어보지 않는 이상 무엇이 들었는지 알 수 없다. 각각의 식재료를 낱개씩 랩으로 포장하여 큰 통에 넣어두면 기억하기에도 좋다. 물건을 겹치게 사지 않는 것만으로도 경제적이고 장 보는 속도도 빨라진다.

그램당 가격을 확인한다 묶음 포장에 현혹되지 말자. 물건을 살 때 가격표 아래를 보면 나와 있는 단위당 가격은 용량이 다른 제품들을 비교할 때 효과적이다. 예를 들면 A마요네즈가 1000그램에 3,880원, B마요네즈는 780그램에 3,690원이라면 계산이 애매하지만 단위당 가격을 확인하면 쉽게 비교할 수 있다.

직접 무게를 달아서 물건을 산다 나물을 살 땐 포장상품보다 무게를 재서 사는 상품이 더 신선하고 원하는 만큼 구매할 수 있어서 좋다. 포장상품은 100g 단위로 팔지만, 40g이면 충분히 콩나물국 한 그릇을 끓일 수 있다. 나물류는 데치고 나면 분량이 확 줄어들므로 100g 정도가 적당하다. 마트에서는 분량이 너무 적은 경우 정확한 가격을 측정할 수 없으므로 최소한 40g 이상 사는 것이 좋다.

1인용으로 나온 제품을 구매한다 즉석밥도 한 공기의 2/3 정도 되는 분량을 2개 들이로 나눠서 나오는 제품이 있다. 스팸 같은 햄도 한 번 먹을 수 있는 분량으로 포장되어서 나온다. 이처럼 싱글족을 겨냥해서 출시되는 제품을 십분 활용하자. 무나 양배추 등의 큰 채소는 작은 사이즈로 잘라 천 원 안팎으로 파는 것을 구매하면 부담 없이 조리할 수 있다. 조미료도 하나씩 낱개로 포장된 제품을 사서 쓰는 게 신선하고 경제적이다.

손질된 제품이 경제적이다 부피가 큰 채소를 들고 가는 에너지, 손질하는 시간, 손질된 채소에서 나온 음식물쓰레기 처

지, 손질하는 시간, 손질된 채소에서 나온 음식물쓰레기 처리, 남은 채소들을 먹기 위해 받는 스트레스까지 계산해본다면 유기농 제품을 선택하는 것이 훨씬 경제적이다. 한편 유기농 제품은 농약의 위험에서 벗어날 수 있다는 장점이 있지만, 농약을 치지 않은 만큼 다른 세균들이 번식할 가능성이 높으므로 씻을 때 유의해야 하는 것, 잊지 말자.

마감시간을 활용한다 대형마트나 백화점은 마감시간에 갈 경우 정육코너나 생선코너에서 할인행사를 한다. 수제 돈가스나 소시지 등의 제품도 마찬가지이다. 싸게 판다고 해서 찝찝해 하지 말자. 어차피 당일제품으로 신선도에는 아무런 문제가 없다. 24시 마트는 늦은 시간에 가면 한적하고 여유롭게 물건을 살 수 있지만 원하는 물건이 없거나 고기나 생선 등은 구매가 불가능하기도 하다. 평일에 장을 본다면 오전 10시 이후에 가는 것이 모든 물건이 들어와 있는 때므로 가장 좋다.

담당자가 있는 코너가 좋다 미리 포장해서 파는 고기보다는 담당자가 있는 코너를 이용하면 원하는 만큼의 한 끼 분량을 생각해 소량으로 구매할 수 있다. 하고자 하는 요리에 적합한 부위나 조리법에 관해서도 조언을 얻을 수 있다.

동네마트를 활용한다 동네에 고기가 잘 들어오는 정육점을 알아두었다가 사는 것도 방법이다. 가까워서 편리할 뿐만 아니라 그때그때 좋은 물건과 요리법도 알려주는 것은 물론, 소량 구매도 가능하다. 안면을 터서 친해지면 덤을 주기도 한다. 원하는 서비스를 받을 수 있는 곳을 미리 체크해두면 경제적인 쇼핑을 즐길 수 있다.

장 본 물건은 바로 정리한다 냉장고에 넣을 것, 냉동실에 넣을 것, 실온에 두어도 되는 것을 생각하면서 장을 보면, 집에 돌아온 후 바로 넣기만 하면 되므로 편리하고 신선도를 유지할 수 있다. 손질이 필요한 것들은 손질한 뒤 넣어야 좋다. 가령 채소는 무른 것과 함께 넣어두면 더 빨리 무르고, 손질하지 않은 생선의 경우 비린내가 많이 나며 세균이 잘 번식한다. 채소나 생선 등을 넣었던 비닐은 묶어두었다가 화장실 쓰레기통이나 음식물쓰레기를 넣을 때 활용하면 버리는 양을 최소화할 수 있다.

적립카드와 쿠폰은 필수다 마트를 활용할 때는 자주 가는 마트를 정해놓고 적립카드를 꼭 활용하자. 쌓인 포인트를 활용할 수 있는 제도는 마트별로 저마다의 혜택이 있다. 입구에 있는 쿠폰목록에서 오늘 살 물건이 있는지 체크하는 것도 놓쳐서는 안 될 일이다.

동선을 체크한다 자주 가는 마트의 동선을 미리 체크하면 장보기 시간을 줄일 수 있다. 기본적으로는 주차부터 나오는 입구와 가까운 곳부터 물건을 사기 시작한다. 또한 주차를 할 때는 물건을 싣고 나오는 출구로부터 가까운 곳에 한다.

인터넷 쇼핑을 활용한다 무거운 제품, 부피가 큰 제품들은 인터넷 쇼핑을 활용한다. 세제는 물론, 통조림이나 과자, 간식, 시리얼, 생수 등은 인터넷 쇼핑이 편리하다. 몇몇 사이트에선 채소도 낱개로 구매 가능하니 인터넷을 적극 활용하자. 단 주의할 점은 추가 배송료가 붙거나 제품 별로 배송료가 따로 붙는 제품이 있으니 인터넷으로 구매할 땐 배송료까지 꼼꼼하게 따져보는 것이 좋다.

꼭! 필요한 장보기 노하우 『과일과 채소』

과일

포장 과일은 이곳저곳 꼼꼼히 확인한다
우선 향이 잘 나는지 확인한다. 여러 개가 묶여 있는 경우에는 구석구석 잘 살펴보고 안 보이는 부분이 무르지 않았는지 보자. 특히 포장 과일은 포장용기와 닿은 쪽을 잘 살핀다.

손질된 과일도 편리하다
음식물쓰레기가 많이 나오는 껍질과일보다는 손질된 과일이 더 편리하다. 다양한 과일 통조림 혹은 냉장포장제품들이 있기 때문에 하나씩 사두면 먹고 싶을 때 보완이 된다. 딸기나 블루베리, 파인애플, 망고 등의 과일을 제철이 아닌 계절에 즐기고 싶다면 냉동식품도 괜찮다. 또 냉장보관해서 파는 파인애플이나 껍질을 즉석으로 제거해주는 파인애플은 음식물쓰레기 걱정을 할 필요가 없으니 좋다. 일반 통조림보다는 델몬트처럼 냉장해서 파는 열대과일류들의 절임류가 더 맛이 좋은 편이다. 여름에 빠질 수 없는 수박도 알맹이만 따로 손질해 포장해서 파는 추세니, 음식물쓰레기를 줄이고 싶다면 손질된 제품을 구입하는 게 실용적이다.

버리지 말고 활용한다
안 먹는 과일이 생기면 무조건 버리지 말고 갈아서 마시거나 잼으로 만들어 먹는 것을 추천한다. 고기를 잴 때 갈아서 양념즙으로 활용하면 단맛이 자연스럽게 나면서 설탕 양을 줄일 수 있다. 양념즙에 활용할 수 있는 과일로는 키위나 파인애플, 배나 사과를 추천한다. 얼려두었다가 나중에 살짝 녹여서 셔벗처럼 먹어도 맛있고, 얼린 과일을 갈아 슬러시로 만들어 먹거나 샐러드드레싱으로 만들어 먹어도 좋다. 얼려두었던 과일을 간 뒤 남았을 때도 봉지에 넣고 납작한 형태로 만들어 다시 얼리면 수분과 기타 부분이 분리되는 것을 방지할 수 있다.

껍질을 활용한다
과일껍질을 잘 말려두거나 냉동실에 넣어두었다가, 생선을 구울 때 밑에 깔고 구우면 기름이 떨어져서 타면서 나는 냄새를 덜 나게 할 수 있다. 전자레인지 냄새를 뺄 때도 건조된 과일 껍질을 넣고 돌리면 잡내를 제거할 수 있다. 특히 오렌지나 레몬 껍질은 행주를 삶을 때 같이 넣어서 삶거나 싱크대를 문질러서 닦으면 냄새 제거 효과가 탁월하다. 유기농 과일을 샀다면 껍질을 깨끗이 씻어서 말린 후 차를 우려내 먹어도 좋다. 오렌지나 레몬 등 껍질을 활용해 요리하는 경우 껍질에 묻어 있는 농약이나 다른 성분들이 걱정될 때가 있다. 이럴 땐 물에 30분 이상 담가두었다가 뜨거운 물에 30초 정도 살짝 데친 후 사용하면 좋다.
오렌지와 레몬껍질을 얇게 채썰어서 설탕을 넣고 끓여 마멀레이드를 만들어두면 조림요리에 조금씩 넣으면 입맛을 돋우고, 차를 타 마셔도 산뜻하다.

채소

감자 : 모든 요리에 잘 어울리는 만능 재료이다

감자는 오랫동안 보관할 수 있는데, 바구니에 담아서 서늘하고 바람이 잘 통하며 직사광선이 들어오지 않는 밝은 곳에 두고, 여름에는 비닐봉투에 넣거나 랩으로 싸서 냉장고에 넣어두는 것이 좋다. 감자는 흠집이 없고 매끄러우면서 무겁고 단단한 것으로 고른다. 하지만 싹이 난 감자는 절대 먹으면 안 되는데, 싹이 나면 그 부분을 잘 도려낸 뒤 먹어야 한다. 감자는 전분이 있어서 끈적거리는 성질이 있는데 볶음요리를 할 때는 채 썬 후 물에 담가 전분기를 빼서 사용하면 끈적이지 않는 부드러운 감자볶음을 먹을 수 있다. 하지만 전분의 끈적이는 성질이 유용하게 작용하는 경우도 있다. 감자수프나 된장찌개, 감자팬케이크처럼 감자 안에 들어 있는 전분성분을 활용할 때는 감자를 바로 썰어서 물에 담그지 않고 사용하는 것이 좋다. 익은 정도는 겉면이 약간 투명해지고 부드러워진 것으로 확인하면 된다. 남은 재료는 적당한 크기로 잘라 한번 삶은 후 냉동보관하면 된다.

당근 : 따로 있을 때보다 여럿이 있을 때 빛이 난다

당근은 모양이 곧으며 중간에 흠집이 없는 것으로 고른다. 너무 두꺼운 것은 심이 두꺼우므로 적당한 두께의 뿌리가 가는 것이 좋다. 당근에는 지용성 비타민이 들어 있으므로 물에 삶기보다는 기름과 함께 조리해야 영양소 파괴를 막을 수 있다. 남은 재료는 적당한 크기로 손질해 데친 후 냉동보관하면 된다. 당근도 감자와 마찬가지로 부침요리, 볶음요리, 국물요리, 찜요리, 국물요리 등에 다양하게 활용할 수 있다.

양파 : 그냥 먹어도 삶아도 구워도 맛있다

한 망째 사면 싸지만 양이 너무 많아서 장기간 보관 시 무를 수도 있다. 껍질을 까서 한 개씩 지퍼팩에 담아 파는 것도 있으니 음식물쓰레기와 손질에 들어가는 수고 등 효율성을 생각하여 조금씩 손질된 제품을 구입하도록 하자. 양파는 많이 먹는 것 같지만 의외로 찌개나 파스타를 만들어도 1/3~1/4개 정도밖에 안 들어가니 말이다. 보관할 때는 껍질을 깐 후 하나씩 랩으로 꼭꼭 싸서 냉장보관하는 것을 명심하자. 특유의 달달한 맛이 있어서 제철에 생으로 먹어도 좋고, 갈아서 넣으면 설탕 대용으로도 쓸 수 있다. 또 생선이나 고기를 넣은 김치찌개를 끓일 때 넣으면 단맛과 함께 잡내를 잡아주는 역할도 한다. 구입할 땐 눌러보았을 때 단단한 것으로 고른다. 물렁하고 연한 것은 가운데까지 썩어 있을 수도 있다. 양파는 껍질째 습기가 없는 곳에서 보관하는 것이 좋으며, 파, 마늘과 다르게 냉동보관하면 물러져서 먹을 수 없으므로 주의해야 한다. 가열했을 때 양파가 투명해지면 다 익은 것이라고 생각하면 된다.

달걀 : 없으면 서운한 모든 요리의 감초이다

달걀은 냉장고에서 보관하면 한 달 정도 보관이 가능하다. 씻어서 보관하면 절대로 안 되지만(달걀을 보호하고 있는 성분이 씻겨져 나가기 때문), 사용하기 전에는 반드시 씻어서 사용해야 혹시라도 껍질에 묻어 있는 것들이 함께 흘러들어가는 불상사를 막을 수 있다. 혹시라도 달걀이 너무 많이 남았다면 얼려서도 사용할 수 있다. 통째로 얼린 후 사용하기 전에 뜨거운 물에 1분가량 데친 후 용도에 따라 사용해도 무방하다. 냉장고에 보관할 때는 끝이 뾰족한 부분을 밑으로 가게 하는 것, 잊지 말자.

파 : 맛도 내고 식욕도 돋워주는 1석 2조 채소이다

파는 양념으로 사용할 때는 흰 부분을 다져서 사용하고, 마지막에 한번 끓게 할 때는 녹색 부분을 사용하여 색감으로 식욕을 돋우기도 한다. 단, 생으로 먹는 것은 냉동보관해선 안 된다. 볶거나 끓여 먹는 파만 냉동보관이 가능하다. 파를 사오면 뿌리 부분은 깨끗이 씻어서 냉동보관한 뒤 육수를 낼 때 사용하거나 고기나 생선을 보관할 때 하나씩 같이 넣고 정종을 뿌려 보관하면 잡내를 제거할 수 있다. 깨끗이 씻어 흰 부분과 파란 부분을 나눈 뒤 키친타월이나 신문지로 돌돌 말아서 비닐이나 밀폐용기에 넣어 냉장고에 보관하면 일주일 이상 보관할 수 있다. 습기 때문에 무른 부분이 있으면 더 빨리 다른 부분도 상하므로 그때그때 확인하자.

마늘 : 매콤한 맛과 달콤한 맛의 신비로운 채소이다
마늘은 사용하기 편리하게 다지거나 편으로 썰거나 껍질을 깐 채 냉동실에 보관해도 좋다. 다진 마늘은 비닐에 넣고 넓게 펴서 냉동하면 좋은데 완전히 얼기 전에 바둑판처럼 칼집을 넣어주어서 얼리면 하나씩 떼어내 사용하기에 좋다. 볶음요리나 조림요리 등을 할 때는 처음 볶을 때 함께 볶아야 맛이 좋다. 국물요리 할 때에 잡내가 많이 나면 마지막에 넣기도 하는데 너무 짧게 끓이면 마늘맛이 많이 나므로 주의한다. 또 시중에 파는 다진 마늘 중에서는 너무 짓이겨져 찌든내가 나는 것이 있으므로 신중하게 구입해야 한다. 볶음요리를 할 때 너무 센 불에서 마늘을 볶게 되면 탄맛과 함께 쓴맛이 나기도 하므로 중간 불에서 타지 않도록 뭉근하게 익히는 것이 중요하다.

고추와 건고추 : 감칠맛으로 요리를 완성한다
고추는 조금씩 팔지 않는 대표적인 채소이다. 이럴 땐 청고추, 홍고추 한 팩씩 사는 것보다는 청고추와 홍고추를 혼합하여 파는 것을 사면 훨씬 활용도가 높다. 어슷썰어 냉동실에 넣고 찌개나 국, 조림이나 볶음 요리를 할 때 마지막에 조금씩 넣으면 잡내를 제거할 수 있고 은근한 매운맛 때문에 요리가 훨씬 감칠맛난다. 매운맛을 좋아하는 사람은 청양고추를 사서 사용하면 좋다. 잘게 다져서 양념장에 조금씩 넣으면 식욕을 돋우는 데 그만이다. 건고추는 냉동실에 넣어두고 오래 쓸 수 있기 때문에 미리 사서 보관하기 좋다.

요리의 기본 『4가지 기술』

01 양념의 기술

희한하게 레시피 그대로 요리했는데 맛이 별로다. 계량도 확실했는데 맛이 없다면 이유는 두 가지를 꼽을 수 있다. 첫 번째로, 양념 자체의 맛이 덜할 수 있다. 짜다고 다 같은 소금이 아니며, 고소하다고 다 참기름은 아니다. 고소한 맛은 국산 참기름 맛을 따라갈 수 없고, 고춧가루나 소금도 맛이 제각각이다.

두 번째로, 순서가 틀렸기 때문이다. 이것저것 손에 잡히는 대로 먼저 넣은 양념이 음식에 먼저 맛이 배었기 때문에 다른 재료의 맛이 충분히 배지 않은 것이다. '귀찮아 죽겠는데 그런 것까지 꼭 지켜야 돼?' 귀찮다 생각 말고 양념에 대한 기술만 알면 그 다음부터는 굳이 수순을 따져보지 않고도 손이 먼저 가게 된다.

먼저 소금과 간장 같이 짠맛이 나는 재료들을 먼저 넣으면 음식에 수분이 빠지면서 간이 먼저 들어가 다른 맛이 배이기 힘들다. 제일 처음 넣는 것은 설탕이나 물엿 같은 단맛을 내는 성분이다. 그 다음이 짠맛, 그 다음은 향이나 맛이 금방 사라지는 식초나 참기름을 넣는 것이다. 즉석에서 이렇게 순서대로 간을 해서 음식을 하는 방법도 있지만, 미리 모든 양념장을 섞어 넣고 양념을 하는 방법도 있다. 모두 섞어 사용할 경우 모든 재료에 간이 고르게 배어 좋다. 어디는 짜고 어디는 단 미묘한 맛의 체험을 하게 되는 경우의 수가 줄어드니 이 얼마나 좋은가.

또 이 재료 저 재료를 모두 섞을 때는 음식의 간이 모두 비슷해야 한다. 예를 들어, 국수를 삶을 때 소금을 넣지 않았다면 양념장과도 겉돌고 어우러지는 데 시간이 많이 걸린다. 싱겁기만 한 국수에 아무리 짠 양념을 넣었다 한들, 입 안에 들어가면 어김없이 따로 놀게 되는 것이다. 따라서 국수를 삶을 때는 소금을 넣어 간을 하고, 양념장을 만들 땐 조금 덜 짜게 만들어야 맛있는 국수를 맛볼 수 있다.

02 불의 기술

요리를 할 땐 타이밍이 생명이다. 제때에 화력을 조절해서 넣는 것이 중요하다. 달궈지지도 않은 팬에 재료를 넣으면 겉면이 익기도 전에 열을 받아 아삭거리는 식감이 사라지고 물렁물렁해진다. 아무리 달궈진 팬이어도 한 번에 많은 식재료를 넣으면 온도가 내려가서 열을 고루 받지 못해 수분만 빠져나온다. 튀길 때도 한 번에 다 넣어버리면 오랫동안 튀겨야 하고 바삭해지지 않으며 기름만 잔뜩 먹은 튀김이 된다. 또 어느 순간 양념이 다 타버리기도 한다.

불 조절이 중요하다고 해서 너무 어렵게 생각할 필요는 없다. 프라이팬이 달궈진 상태에서 단단한 재료부터 거의 생으로 먹는 재료를 마지막에 넣는 법칙만 알면 된다. 양념을 넣을 때는 탈 수 있으므로 불을 약하게 줄이고 양념을 넣은 후에 고루 다 섞이면 다시 불을 중간으로 높여 조리한다. 튀김을 할 때는 일정한 온도가 되면 조금씩 재료를 나누어 넣어서 온도가 떨어지는 일이 없도록 한다. 끓일 때는 센 불에서 끓이다가 끓기 시작하면 약한 불이나 중간 불로 바꿔서 뭉근하게 끓여주면 된다. 장시간 끓여주는 요리를 할 때는 약한 불로 옮겨서 증발하는 수분량이 많지 않도록 조절한다. 불 조절만 잘해도 요리의 반은 성공이다.

03 계량의 기술

일반적인 계량스푼은 1큰술=3작은술이다. 보통의 계량스푼과 집마다 가지고 있는 밥숟가락에는 조금씩 차이가 있을 수 있다. 이 책에서는 밥숟가락, 나무숟가락 기준으로 계량을 했으니 계량스푼이 없다고 좌절하지 말자. 애초에 요리를 시작할 때부터 밥숟가락이나 나무숟가락 중 딱 한 가지만 사용하여 모든 재료의 비율을 맞추기만 하면 된다.

1큰술은 위로 소복히 쌓이지 않도록 깎은 것을 의미한다. 가루, 고체, 액체 모두 마찬가지이다. 1작은술은 1/3큰술을 의미한다. 고체의 경우 1/2큰술은 숟가락의 앞부분을 사용해서 반만 담는 것을 의미한다. 액체의 경우 숟가락의 앞부분만 사용해서 뜰 수 없으니 숟가락 높이의 1/3, 1/2 지점까지 채운다고 생각하면 간단하다. 이렇게 몇 번 하다보면 크게 스트레스를 받지 않고 요리 할 수 있을 것이다. 단, 국간장의 경우 짠 정도가 각기 다를 수 있으니 처음부터 너무 많이 넣지 말고 조금씩 간을 확인하며 넣을 것! 또 레시피에 나온 비율은 지키되 본인의 입맛에 따라서 짠맛과 단맛을 가감하는 센스도 필요하다. 컵의 경우 1컵은 종이컵의 1컵, 혹은 우유팩 200ml로 정도로 생각하면 쉽다.

04 썰기의 기술

음식을 만들어본 사람은 안다. 써는 것보다 더 귀찮은 것은 도마 씻는 일이라는 것을. 도마를 가장 위생적으로 쓰는 방법은 고기와 육류용 도마, 채소용 도마, 향신채소용 도마를 각각 따로 두는 것이다. 말이 쉽지, 막상 도마를 사는 것부터 만만치 않다. 집에 있는 도마 한 개를 두세 개 못지않게 활용하고 싶다면, 음식을 써는 순서를 잘 따져서 사용해야 한다.

처음에는 묻어나지 않고 냄새가 나지 않으며 부스러기가 많이 생기지 않는 채소부터 손질한다. 두 번째로는 자잘하게 많이 나오는 채소를 썬다(브로콜리는 한번 썰면 봉오리 부분의 자잘한 부분이 남기 때문에 도마를 깨끗이 쓰기 쉽지 않다). 그 다음에는 향이 강한 마늘, 파 등을 썰고, 마지막으로 생선과 육류를 썰면 도마를 씻고 닦는 일을 반복하지 않아도 된다.

❶ **편썰기** 원하는 두께로 재료의 모양을 살려서 썬다.
❷ **채썰기** 원하는 두께로 납작하게 편썰기하거나 통째썰기하여 펼쳐 놓거나 3~4장씩 포개어 다시 일정한 간격으로 길쭉하게 자른다.
❸ **깍둑썰기** 정육면체 모양이 나오도록 원하는 크기로 썬다. 막대 모양으로 썰고 다시 정사각형이 되도록 일정한 폭으로 썬다.
❹ **다지기** 양파나 당근, 마늘 같은 재료는 채썰기를 한 후에 90도 돌려서 작게 다진다. 파는 앞뒤로 어슷하게 칼집을 내고 송송 썰면 된다.

써는 재료뿐만 아니라 써는 방법도 중요하다. 재료를 다질 때는 큼지막하게 다진 뒤 다시 잘게 다지는 것보다는, 잘게 채썬 뒤 다시 다지는 것이 모양도 예쁘고 훨씬 수월하다. 식재료를 다양한 방법으로, 똑같은 크기로 써는 것은 단순히 보기 좋아서만은 아니다.

조리 방법과 재료에 알맞은 썰기 방법은 음식의 간이 골고루 배이도록 도와준다. 크기가 제각각이면 무엇은 익고 무엇은 반도 익지 않는 상태가 되기 때문이다. 보통 볶음요리나 면요리와 함께 먹는 채소들은 채썰어서 사용하면 좋고, 쌀과 함께 볶거나 소스에 들어갈 때는 다져야 식감이 산다. 오랫동안 뭉근하게 졸이거나 끓일 때는 약간 큼직하게 깍둑썰기해야 씹히는 맛이 있고 재료의 형태가 남아 있다. 이런 기본적인 원리를 바탕으로 더 빨리 끓이고 싶을 때는 더 작고 얇게 썰고, 아주 오랫동안 끓이고 싶을 때는 더 큼직하게 써는 것이 요령이다.

❺ **통째썰기** 당근이나 호박 등의 재료를 단면을 보여주듯이 원하는 두께로 자른다.

❻ **반달썰기** 길게 반으로 자르고 원하는 두께로 썰거나 통째 썰기하고 반으로 자른다.

❼ **어슷썰기** 고추나 파 등을 자를 때 자주 쓰는 방법으로 비스듬히 자른다.

❽ **원형 재료 채썰기** 양파같이 원형으로 된 재료는 위에서 아래로 내리듯이 써는 것보다는 부채꼴 모양으로 채를 썰어야 크기가 비슷해져서 좋다.

요리비법노트
『밥과 국』

제대로 씻고 불리자

쌀은 처음에 씻는 것이 중요하다. 첫물은 겉 부분의 불순물이 많을 수 있으므로 재빨리 한번 휘휘 저은 후 버린다. 그 다음에 가볍게 주무르며 물을 바꿔 가면서 씻는데 너무 세게 문지르면 쌀알이 깨지므로 주의한다. 쌀뜨물은 받아 두었다가 설거지할 때 활용해도 되고 된장찌개를 끓일 때 육수로 활용하면 구수한 맛이 나 좋다. 쌀을 불릴 땐 최대 2시간을 넘지 않는 것이 좋다. 오히려 너무 오랫동안 불리면 양분이 빠져나가고 풀어져서 좋지 않다. 의외로 씻어 나온 쌀은 일반 쌀에 비해 많이 비싸지 않고 쌀알이 깨지지 않은 상태로 보관되어 있어서 맛이 좋다. 씻는 번거로움 또한 없으므로 1석2조. 한 번쯤 시도해보자.

2인분을 만들자

매번 밥을 하는 것은 은근히 귀찮은 일이다. 한번 밥을 할 때 2인분 이상 만들어 1끼는 먹고 나머지 밥은 납작하게 눌러 밀봉해서 식힌 뒤 냉동실에 보관한다. 나중에 전자레인지에 돌리면 바로 지은 듯한 밥처럼 맛있다. 한 김 식히고 난 후에 납작하게 눌러 냉동하면 밥 안의 수분이 남아 있어 촉촉하면서도 빨리 해동되어 좋다. 오랫동안 보관했다면 정종을 1작은술 정도(밥 1공기 기준) 밥에 고루 뿌린 후 전자레인지에 돌려도 방금 한 밥처럼 맛있다.

소금과 물이 중요하다

이론상으로는 밥 양의 0.03%의 소금이라고 하니 아주 약간의 소금을 넣으면 더 맛있는 밥을 먹을 수 있다. 밥에 간을 한다는 기분으로 말이다. 밥의 기본은 물 양을 맞추는 것부터 시작되는데 이땐 불린 쌀과 동량의 물을 넣는다고 생각하면 된다. 단 오래된 쌀은 물을 조금 더 많이 넣고 햅쌀은 물을 조금 적게 넣는다. 또 밥솥에 따라서도 냄비밥>전기밥솥>압력솥 순서로 물을 적게 넣는 것이 좋다. 생수를 넣는 것보다 다시마 육수를 넣거나 다른 육수를 활용하면 밥에서 감칠맛이 돈다.
압력솥에 밥을 지을 때는 종이컵에 쌀을 담았다면 같은 양의 물을 담는다. 전기밥솥은 그 양보다 1인분기준 1큰술, 냄비밥은 2큰술씩 물을 더 부어준다. 햅쌀이라면 정량을 넣고 오래된 묵은쌀일 경우는 1~3큰술씩 더 추가하면 고슬고슬한 밥을 먹을 수 있다. 또 하나의 팁, 전기밥솥으로 밥을 만든 다음에 밥을 고루 섞어주고 다시 한번 취사 버튼을 누르면 남아 있는 수분이 날아가서 더욱 고슬한 밥을 먹을 수 있다.
사실 밥할 때 물을 계량하는 것은 참 귀찮다. 용기 크기도 다 다르고, 불린 시간이나 쌀의 상태에 따라서 물 양이 천차만별이기 때문이다. 이것저것 따지기 귀찮을 땐 다 필요 없이 하나만 기억하자. 씻은 쌀은 쌀 표면 위로 1~2cm 정도 물을 붓고, 불린 쌀은 쌀과 같은 높이의 물 양이다. 채소를 넣을 때는 채소에서 물이 나오니까 조금씩만 더 줄인다.

잡곡을 활용하자

쌀을 한 봉지 사서 밥을 하는 것보다는 다양한 잡곡이 섞인 것을 사면 건강도 챙기고 맛있는 밥도 먹을 수 있다. 좋아하는 잡곡을 한 봉지씩 직접 섞는 방법도 있지만 요즘은 다양한 잡곡을 섞어 놓은 제품을 따로 판다. 분량도 적으므로 더 빠른 기한 안에 먹을 수 있고, 가격도 싼 편이니 하나 구입해놓자. 원산지나 제조일자를 확인하는 것은 필수. 쌀나방이 생기지 않게 하려면 건고추를 하나씩 넣어두면 좋다. 쌀독에 넣지 않고 보관한다면 반드시 밀폐해 두어야 한다. 무거운 쌀은 굳이 들고 올 필요 없이 인터넷쇼핑을 활용하거나 3만 원 이상이면 배달해주는 근거리 배달서비스를 활용하면 좋다.

다양하게 해먹자

남는 자투리 채소를 같이 넣어서 밥을 해주면 나만의 영양밥이 완성된다. 채소를 넣을 때는 채소 자체에서 물이 나오는 것을 감안하여 물을 넣는다. 만약에 물 양을 맞추는 것이 어렵다면 같이 넣는 채소를 삶은 후에 거기서 나온 물을 넣고 밥물을 맞추어서 밥을 짓는다. 밥이 다 된 후에 삶은 채소를 밥통에 넣고 섞어주면 된다. 너무 물러지는 채소가 아니면 무엇이든 상관없다. 감자, 당근, 양파, 마늘은 물론 배추, 양배추, 호박, 더덕, 단호박 모두 가능하다.

압력솥을 활용하자

같은 쌀이라도 압력솥에 지으면 훨씬 찰진 밥을 먹을 수 있다. 전기압력솥이 있다면 걱정할 필요 없지만 일반 압력솥이라면 불 조절과 타이밍이 중요하다. 센 불에서 불을 켜고 추가 뱅글뱅글 돌아가기 시작하면 약한 불로 줄인다. 3분 후 불을 끄고 뜸을 들이면 딱 좋다. 이는 밥의 양과 무관한 보편적인 공식이다.

≫ 육수를 빨리 내고 싶다면

때에 따라서 멸치 육수, 채소 육수, 고기 육수를 내면 좋겠지만, 그것도 귀찮다면 미리 갈아놓은 육수 파우더를 활용하면 간편하다. 멸치, 다시마, 건새우, 마른 표고, 북어 등을 깨끗이 손질한 후 다함께 믹서에 갈아서 통에 넣어두었다가 냉동 보관하여 한 숟가락씩 넣고 끓여서 육수를 내면 된다. 깔끔하게 먹고 싶다면 건져낼 수 있도록 다시팩을 활용하면 좋고, 찌개나 탕을 끓일 때는 그냥 건더기째 먹으면 더 많은 영양분을 통째로 섭취할 수 있다. 다시마 육수는 하루 전에 찬물에 담가 놓으면 자연스럽게 맛이 잘 빠지지만 그렇지 않다면 바로 넣고 끓여도 괜찮다. 다시마를 5 x 5cm 정도로 잘라서 준비한 후 처음부터 끓일 때 하나씩 넣으면 된다. 너무 오래 끓이면 진득한 액이 나와서 맛이 끈끈하므로 주의하면 되는데 보통 국 한 번 끓이고 찌개 한 번 끓이는 정도의 시간은 괜찮다. 마른표고를 넣고 육수를 낼 때는 들기름이나 고추기름에 넣고 충분히 볶아서 노릇해진 다음에 물을 넣고 끓이면 더욱 맛있다.

≫ 너무 된 밥은?

전기밥솥에 밥을 했더니 밥이 너무 질게 되었다면? 뜨거운 물을 붓고 고루 잘 섞은 후 다시 취사를 누르면 밥이 고슬고슬해진다. 오랫동안 안 먹었던 찬밥도 마찬가지로 할 수 있다. 만약에 전기밥솥에 밥을 오랫동안 보관해야 한다면 물을 한 컵 떠서 같이 넣어두면 밥알이 마르는 것을 방지할 수 있다.

≫ 국의 정량은?

항상 국을 하면 조금 모자라거나 조금 남거나 해서 애매하게 밥을 더 먹게 되거나 버리게 된다. 국을 계량하는 법은 간단하다. 평소에 국을 먹는 그릇에 물을 담아서 그만큼만 국을 하면 된다. 만약 오랫동안 끓인다면 증발하는 양을 생각하여 가감하면 된다.

요리비법노트 『면 요리』

시간과 소금이 완성도를 좌우한다

면 요리를 할 때 가장 중요한 것은 시간이다. 어떤 면이든지 그 봉지에 적혀 있는 시간대로 삶는 것이 가장 정석이다. 하다못해 라면 하나를 끓이더라도 봉지에 적힌 시간대로 삶는 것이 가장 맛있다. 아무리 들여다봐도 다 익었는지 모르겠다면 한 가닥 건져서 먹어보면 된다.

소면은 충분한 물에 넣고 삶아야 하는데, 물 양보다 중요한 것이 바로 소금의 양이다. 이상하게 양념장도 맛있고 육수도 맛있는데 미묘하게 어딘가 잘못된 것 같다면 국수에 간이 잘 되지 않기 때문이다. 끓기 시작하면 소금을 넣고 다시 팔팔 끓기 시작하면 국수를 부채꼴 모양으로 펴서 넣어 삶는다. 하나로 뭉쳐서 넣으면 한쪽 끝이 떡처럼 붙어버린다. 소금은 1인분에 1작은술 정도라고 생각하면 가장 좋다. 파스타도 마찬가지로 소금을 넣은 물에 삶아야 면에도 간이 되어 소스와 어우러졌을 때 맛이 좋다.

소면은 찬물에 헹구고 파스타는 오일을 바른다

소면을 삶아낸 후에는 반드시 찬물에 여러 번 빨듯이 주물러주며 헹궈야 한다. 이 과정에서 물이 뽀얗게 되는 것을 볼 수 있는데, 바로 소면에 있는 전분이 빠져나오는 것이다. 이 과정을 생략하면 미끄덩한 질감의 소면을 먹게 된다. 자연스럽게 후루룩 후루룩 넘어가는 소면을 먹고 싶다면 찬물에 빨듯이 헹구는 과정을 잊지 말자. 비빔국수를 만들 때는 바로 소스를 넣으면 되지만 따뜻한 국수로 먹을 때에는 육수가 끓을 때 물기를 뺀 소면을 한번 넣고 끓인 후 먹으면 맛이 베어 좋다. 가장 많이 사용하는 소면 모양의 파스타는 기름을 몇 방울 넣고 끓여야 달라붙지 않아 좋지만, 면적이 넓지 않은 파스타를 삶을 때에는 굳이 기름을 넣지 않아도 면끼리 달라붙지 않으니 걱정할 필요 없다. 삶은 파스타를 오랫동안 두면 달라붙으므로 오일을 골고루 발라 보관하는 것이 좋지만, 소스와 어우러짐이 줄어들고 자칫 느끼할 수 있으므로 뜨거운 물에 한번 살짝 헹궈서 쓰길 바란다. 파스타는 절대 찬물에 헹구지 않는다.

삶은 물을 활용한다

파스타 삶은 물을 바로 버리지 않으면 유용하게 사용할 수 있다. 국수를 삶은 물과 마찬가지로 파스타 삶은 물도 뽀얗게 전분이 가라앉는 것을 볼 수 있다. 파스타 삶은 물을 버리지 않고 조금 남겨두었다가 파스타 오일이 적거나 육수가 적을 때 넣어주거나, 크림파스타에 육수 대신, 토마토 소스파스타에도 육수 대신 사용하면 뻑뻑한 소스를 부드럽게 만들어준다. 전분기 때문에 농도가 생기고, 또 소스가 면에 잘 달라붙는 역할도 해서 유용하다.

요리비법노트 『생선요리』

다양한 생선 간편하게 즐기자

생선은 맛도 좋고 영양도 풍부하지만 요리하기 전부터 요리가 완성된 후까지 진하게 남는 냄새 때문에 왠지 꺼려진다. 하지만 건강한 식탁을 위해서 생선을 구입했다면 많은 세균이 번식하고 냄새의 원인이 되는 내장과 아가미를 최대한 빨리 제거하는 것이 좋다. 또 냉동실에 한번 들어갔다 나온 생선은 조리를 해도 비린내가 나기 쉬우므로 빨리 먹는 것이 좋다.

주로 살이 통통한 삼치나 고등어 등은 반으로 포를 떠서 팔기도 하고, 안동 간고등어처럼 진공포장해서 팔기도 하니 먹기에 유용하다. 또 대구전이나 명태전 등의 포를 떠서 얼려 놓은 것들은 상대적으로 비린내가 덜하고 조리하기에도 간편하니 냉동실에 넣고 쓰면 편리하다. 통조림을 이용해 조리하면 생물 생선과 같은 질감과 맛을 느낄 수는 없지만 찌개나 조림 등을 빠른 시간 안에 조리할 수 있다. 뜨거운 물에 한번 살짝 끼얹은 후 사용하면 조금 더 위생적이며, 이미 조리된 상태이니 오래 끓일 필요가 없다. 양념이 베이도록 미리 양념에 절여둔 후 같이 조리하면 좋다.

비린내 잡고 맛과 영양은 높인다

생선의 비린내를 없애려면 생강즙이나 레몬즙, 정종이나 소주 등을 넣어서 밑간을 하면 냄새를 제거하는 데 한결 도움이 된다. 대파 뿌리나 대파 채, 양파 채, 저민 마늘 등의 향신채료를 같이 재웠다가 굽는 것도 효과적이다. 쌀뜨물이 있다면 15분 정도 재워두는 것도 비린내 제거에 탁월하다. 또 구울 때 허브솔트를 뿌리면 허브향이 비린내를 잡아준다. 생선을 구울 때 한쪽에 간장을 뿌려 넣으면 간장 성분이 생선의 비린내와 결합하면서 비린내가 나는 것을 막아준다.

밑간을 해서 조리한다

생선은 밑간을 해두어야 살이 탄탄해져서 구울 때 모양이 흐트러지지 않는다. 두꺼운 생선은 미리 칼집을 넣어두어야 속까지 고루 익는다는 것도 잊지 말자! 식초를 약간 넣고 굽는 것도 좋으며, 그릴에 구울 때는 기름이 떨어지는 부분에 과일껍질이나 녹차찌꺼기를 깔고 구우면 효과적이다. 또 식초를 넣어서 재우면 생선살이 탄탄해지면서 소금을 넣지 않아도 되어 염분 섭취량이 줄어드니 일석이조다.

요리비법노트 『아침식사』

떡 : 냉동실에 보관해두고 그때그때 꺼내먹자

찹쌀로 만든 떡은 냉동실에 보관해두자. 따로 찌지 않아도 해동을 하면 바로 먹을 수 있다. 전날 밤에 냉동실에서 꺼내 실온에 하룻밤 두면 아침에는 말랑말랑해져서 먹기 좋다. 단 여름에는 쉴 수 있으니 조심해야 한다. 따끈한 밥솥에 2시간 정도면 말랑해진다. 찹쌀떡 같은 경우에 기름을 두르지 않은 마른 팬에 구우면 겉면이 바삭해지면서 별미이다.

죽 : 냉동밥과 남은 채소, 참치를 활용하자

한 공기가 채 되지 않는 밥이 냉동실에 남아 있다면 넉넉한 물과 함께 은근한 불에 올려놓자. 샤워를 하든, 화장을 하든, 15분 정도 지난 후에 보면 어느새 잘 풀어진 죽이 되어 있을 것이다. 냉장고에 잘게 썰어서 넣어둔 채소나 참치캔을 넣어 끓이면 더욱 맛있다. 늙은 호박이나 단호박 남은 게 있다면 미리 물을 넣고 푹 끓여서 찹쌀가루를 넣고 죽을 만들어 놓는다. 다 식힌 후 비닐팩에 넣고 납작하게 만들어 냉동실에 넣어두고 전자레인지에 해동하거나 냄비에 물을 조금 더 넣고 해동해서 먹으면 맛있는 호박죽이 완성된다. 호박죽을 끓일 땐 마지막에 우유를 조금 넣으면 부드러운 맛을 즐길 수 있다.

누룽지 : 남은 밥으로 만들자

남은 밥을 프라이팬에 얇게 펴고 굽는다. 딱딱해진 누룽지를 부셔서 뜨거운 물을 부으면 10분 후 속을 뜨끈하게 데워줄 누룽지가 완성된다. 시판되는 누룽지를 활용해도 좋다.

수프 : 냉동실에 넣어두고 아침에 해동해 먹자

뜨거운 물만 부어서 저어주면 만들어지는 수프도 있지만 미리 만들어서 냉동해두었다가 해동해 먹는 것도 좋다. 의외로 수프는 만드는 법이 간단하다. 재료가 무엇이든 남은 채소를 활용하면 되는데 기본적으로 양파가 들어가면 달달한 맛이 나서 좋다. 팬에 기름을 두른 후(버터를 조금 섞으면 더 맛있다) 채썬 양파와 남은 채소를 넣고 충분히 볶아준다. 채소가 익으면 물을 자작하게 넣고, 끓인 후 한소끔 끓으면 믹서에 넣고 약간 걸쭉한 상태가 되도록 갈아준다. 그 다음에 우유와 생크림을 2:1 비율로 넣어주는데 둘 중에 하나만 있다면 한 종류만 넣어도 좋다. 농도는 루(버터와 밀가루를 넣고 볶은 것)로 맞추는 게 좋지만 찹쌀가루를 1큰술씩 넣어줘도 좋다. 바쁜 아침시간을 위해서는 걸쭉한 상태가 되도록 갈아주어 냉동실에 넣어둔 다음에 아침에 해동하여 우유와 생크림만 넣고 한소끔 끓인 후 밑간을 해 먹으면 된다. 찹쌀가루를 넣지 않고 테이크아웃용 컵에 담은 후 출근길에 편하게 마시면서 가는 것도 좋은 방법이다.

생식두부 : 다양한 종류의 생식두부를 먹어보자

두부를 좋아한다면 생으로 먹어도 맛있는 다양한 종류의 생식두부를 먹어도 좋다. 검은콩, 당근, 고구마 등을 넣은 제품도 있다. 생으로 먹어도 되지만 샐러드채소와 함께 샐러드로 먹으면 영양소 보완이 되어서 더 좋다. 두부와 우유를 믹서에 갈아서 음료로 마시면 포만감 때문에 점심까지 든든할 것이다.

과일 : 우유와 함께 갈아 먹자

냉동실에 넣어두었던 과일을 미리 냉장고에 옮겨두었다가 믹서에 갈아 마시면 정신이 번쩍 들면 상쾌하다. 미리 갈아두면 층이 분리되고 맛이 없으니 반드시 먹기 직전에 갈아 마시는 것을 추천한다. 신맛이 강하지 않은 과일은 우유와 함께 갈아 먹으면 더욱 든든하다.

요리비법노트 『남은 채소』

피클 . 물 : 식초 : 설탕 = 3 : 2 : 1

피클을 만드는 것은 어렵다고 생각하는데 알고 보면 의외로 아주 쉽다. 물과 식초, 설탕의 비율이 3:2:1이 되도록 섞은 후 꽃소금(일반 소금을 사용하면 쓴맛이 날 수 있으므로 꽃소금을 사용한다. 소금의 양은 설탕의 1/4 정도가 적당하다)을 약간 넣고 한소끔 끓인다. 센 불을 사용할 필요 없이 설탕이 녹을 정도로만 따뜻하게 끓이면 된다.

피클로 담기 적당한 채소는 오이, 양파, 브로콜리, 고추, 파프리카, 무, 양배추, 마늘 같은 단단한 채소들이다. 버섯도 가능하지만 상추나 양상추 같은 잎채소는 삼간다. 피클은 뜨거울 때 물을 부어주므로 유리용기가 더 바람직하다. 소독한 병이나 밀폐용기에 손질한 채소를 담은 후에 뜨거운 피클물을 부어 상온에서 3일 정도 익힌 후 냉장고에 넣고 보관하면 한 달은 족히 먹을 수 있다.

피클을 다 먹은 뒤 피클 국물이 아깝다고 너무 걱정하지 말자. 팔팔 끓여서 채소에서 나온 수분들을 졸여준 후에 다시 사용해도 된다. 부유물은 건져낸 뒤 액체만 사용하고, 향신료는 새로 넣어주는 것이 좋다. 피클 국물은 생채 등을 버무릴 때 넣거나 샐러드 드레싱으로 사용해도 좋다.

간장장아찌 . 간장 : 물 : 설탕 : 식초 = 1 : 1 : 1 : 1

간장장아찌는 간장, 물, 설탕, 식초의 비율이 모두 1:1:1:1이라는 것만 알고 있으면 된다. 모두 한소끔 끓인 후에 피클과 마찬가지로 채소를 손질하고 밀폐용기에 담은 후 뜨거울 때 부어주면 된다. 3일 후에 물만 꺼내서 한번 더 끓인 후 식혀서 부어주고 냉장고에 보관하면 더 좋다.

조림반찬 . 간장 : 물 : 조청 = 1 : 2 : 1

간장과 설탕을 넣고 조려두는 반찬은 2주는 먹을 수 있고, 다른 음식 없이도 이것저것 꺼내도 한 상이 금방 차려진다. 간장, 물, 조청의 비율이 1:2:1 정도를 기본으로 하여 매운 고추나 고춧가루를 넣어서 칼칼한 매운맛을 주어도 좋다. 단단한 채소류부터 고기나 해물류 등은 가능하다. 고추장을 넣어도 좋지만 너무 많이 넣으면 텁텁한 맛이 나므로 주의해야 한다.

된장절임 . 된장 : 청주 = 4 : 1

된장에 넣어두는 것도 좋은 풍미를 준다. 채소에 고루 묻을 정도의 충분한 양의 된장에 청주를 넣어준다. 된장 4큰술에 청주 1큰술 정도의 비율이다. 고루 잘 섞은 후 먹기 좋게 손질한 채소에 넣고 3시간에서 반나절 정도 후부터 맛이 배었을 때 먹으면 된다. 남은 된장은 열흘 안에 사용하는데 3회 정도 더 사용해도 된다.

즉석절임 . 식초 : 설탕 = 3 : 2

채소를 잘게 자른 후(채썰기나 반달썰기로 자르는 것이 좋다) 밑간을 하는 정도로 소금을 고루 뿌려 버무린 후 30분 정도 실온에서 재운다. 채소가 숨이 죽으면서 물기가 나오면 식초와 설탕을 3:2의 비율로 잘 넣고 섞어서 취향에 따라 고춧가루를 조금 넣은 후에 가볍게 양념하면 완성된다.

요리비법노트 『남은 김치, 엄마표 반찬』

김치가 모이면 색다른 맛이 나온다
여러 가지 김치가 조금씩 남았다면 한데 담아서 끓여보자. 이렇게 만든 김치찌개는 의외로 다양한 김치 맛이 어우러져서 깊은 맛이 난다. 이름하여 '모듬김치찌개'. 깍두기가 남았다면 볶음밥을 만들어보자. 깍두기와 깍두기 국물만 들어갔을 뿐인데 의외의 별미다.

김칫국물은 만능 양념이다
스튜디오에서는 김치를 먹고 난 뒤 절대 국물을 버리지 않고 모아둔다. 김치찌개나 김치볶음밥을 할 때 사용하는 것은 물

기름, 통깨를 넣고 버무리면 잃어버린 입맛 군침과 함께 돌아오는 별미반찬이 완성된다. 양념을 쏙 닦아낸 후 참기름과 통깨, 소금을 넣어 버무린 밥을 넣어서 돌돌 말아주면 김치말이 쌈밥이다. 김치를 달달 볶다가 고추장을 1인분에 1큰술 정도 넣어서 볶고, 우유나 생크림을 넣고 같이 양념한 후 파스타를 넣으면 김치파스타라는 이색별미요리가 완성된다.

엄마표 반찬의 변신은 무죄다
엄마가 조금씩 보내주는 밑반찬은 처음에만 맛있고 계속 먹다보면 물리기 마련. 이럴 때는 다른 요리로 활용해보자.

론 라면을 끓일 때도 국물을 한 컵씩 넣어주면 맵고도 시원한 맛이 우러난다. 또 김치비빔국수를 만들 때 고추장이나 식초를 조금만 넣어도 이 김칫국물만 있으면 따로 양념장을 만들 필요가 없다.

신김치를 요리로 활용한다
반찬으로는 애물단지여도 요리로 만들면 보물단지가 되는 게 신김치다. 무나 양파가 따로 없어도 신김치를 바닥에 깐 뒤 생선을 놓고 김칫국물을 조금 넣어 조리면 생선김치찜이 된다. 냉장고에 있는 모든 재료를 전골 만들듯이 손질한 다음에 김치를 넣고 끓이면 부대찌개도 뚝딱이다. 김치를 굴소스를 넣고 볶아 전분물을 더해 밥 위에 얹으면 김치덮밥이 완성된다. 신김치를 물에 깨끗이 씻은 후 송송 썰어서 설탕과 참

먼저 보내주신 지가 오래되어서 뻑뻑해졌다면 다시 양념을 한다. 종류에 따라 다르지만 기본적으로 참기름과 통깨만 넣고 한번만 조물조물 무쳐도 맛이 되살아난다. 고추장에 버무린 오징어무침이나 멸치무침 등에 마요네즈를 조금 넣어서 먹으면 고소한 맛이 일품이다. 웬 마요네즈냐며 고개를 절레절레 흔들어도, 알아두면 뼈가 되고 살이 되는 팁이니 참고해서 꼭 써먹길 바란다. 밑반찬을 잘게 다진 후 밥과 비벼서 주먹밥을 만들어 먹으면 밑반찬에 있는 간 때문에 특별한 양념을 하지 않아도 맛이 베이고, 다양한 반찬을 넣었으니 씹을 때마다 재미있다. 다진 밑반찬과 고추장, 된장을 조금씩 섞어 쌈장을 만든 후 싱싱한 쌈채소와 함께 싸먹는 쌈밥도 맛있다.

주방생활백서 『남은 술』

집에 들어가는 길 외로움에 맥주 한 캔, 소주 한 병 사서 마시다가 다 마시지 못하고 조금씩 남는다면 다른 용도로 활용해보자.

요리주 만들기 소주나 정종은 요리하다 남은 생강이나 마늘을 넣어서 냉장고에 넣어두면 향이 나서 좋다. 정종이나 맛술을 첨가해야 할 땐 이 요리주를 이용하면 좋다.

요리에 활용하기 닭고기나 돼지고기, 소고기 요리를 할 때 술을 30분 정도 부어서 재워두면 확실히 고기 누린내가 나지 않으며 삶을 때 넣어도 효과적이다. 또 생선에 밑간할 때, 해산물을 데칠 때 조금씩 넣으면 비린내 제거에 좋다.

청소하기 술은 청소할 때도 효과적이다. 싱크대나 가스레인지 주변에 맥주를 부어 30분 정도 방치한 뒤 청소를 하면 찌든 때가 잘 벗겨진다. 소주를 부어두면 소독되는 효과도 있으니 일석이조다. 냉장고 안을 청소할 때도 거즈 등에 술을 묻혀서 한번씩 쓱쓱 닦아주면 좋다.

잡내 제거하기 냉장고에서 냄새가 날 때 작은 컵에 소주를 넣어 냉장고에 넣어두면 신기하게 잡내는 사라지고 소주 냄새는 나지 않는다.

주방생활백서 『냉장고 정리』

냉장고

투명한 밀폐용기를 사용한다, 투명한 비닐을 사용한다
속이 보이지 않는 불투명한 용기는 속에 무엇이 들어 있는지 확인하기가 힘들므로 손이 잘 가지 않는다. 채소 칸에 들어 있는 검은 봉지들도 마찬가지다. 될 수 있으면 내용물을 확인할 수 있는 용기나 비닐을 선택해야 좋다.

자투리 채소는 버리지 말고 모은다
여러 개로 낱개 포장되어서 부피가 크지 않은 채소들은 냉장고 속 구석구석 굴러다니면서 방치되기 일쑤. 낱개씩 포장을 했어도 다시 큰 통에 넣어두면 찾기가 쉽다. 특히 조금씩 쓰고 남은 파, 마늘, 고추 등의 향신채소는 한 통에 같이 모아두면 쓰기에 편리하다.

칸마다 정리한다
오랫동안 보관해서 쓰는 양념장은 윗 칸에, 빵에 발라먹는 것은 그 옆에, 밥 먹을 때마다 꺼내먹는 밑반찬은 중간 칸, 부드러운 채소는 위 서랍, 단단한 채소는 아래 서랍. 이런 식으로 나만의 정리 공간을 정해둔다. 밑반찬을 담은 통은 한 바구니에 담아두면 꺼내거나 담을 때 한 번에 바구니째 꺼내서 정리할 수 있어서 편리하다. 단단한 채소에 무른 채소가 짓눌려 물러지는 것도 방지할 수 있다.

영수증 붙이기
냉장고에 뭐가 있는지 포스트잇을 붙여놓고 일일이 적어두면 좋지만 솔직히 그런 부지런을 떨 여력이 없다. 어차피 자주 먹는 식재료는 뭐가 있는지 알고 있으니 장을 봐온 영수증을 냉장고에 붙여두자. 그러면 따로 적지 않거나 열어보지 않아도 냉장고 속을 훤히 꿰뚫을 수 있다. 다 먹어버린 식재료에 체크를 해두면 쉽게 구분이 가서 다음에 장 볼 때 훨씬 빠르게 리스트를 정리할 수 있다.

냉동실

냉동실에 보관해도 되나
냉장실은 그렇다 쳐도 냉동실은 분별없이 사용하기 망설여진다. 오래 보관한답시고 넣었다가 맛이 변질되어 낭패를 보거나 잊고 살다가 그대로 음식물쓰레기로 버린 경우가 많기 때문이다. 냉동실에는 수분을 많이 함유한 채소를 보관해서는 안 된다. 생으로 보관하는 것보다 한번 데치거나 삶아서 보관하고, 양념을 해서 보관한 다음 해동을 거치지 않고 바로 조리하는 형태가 되도록 보관하면 음식의 변형을 어느 정도 막아준다. 특히 나물류는 데치고 나서 물기를 꽉 짠 뒤 냉동실에 보관하면 나중에 다시 먹으려고 했을 때 너무 질겨진다. 그럴 땐 삶은 물에서 바로 건져내 짜지 말고, 젓가락으로 건져서 냉동하는 것이 좋다.

한 번에 먹을 만큼씩
여러 번 해동하면 좋지 않다. 어차피 1인분씩 먹을 것이니 조금 귀찮더라도 한 끼 먹을 만큼씩, 최대한 납작하게, 공기가 통하지 않도록 밀봉하여 보관하면 해동에 용이하다.

냉동한 날짜와 내용물
얼고 나면 모두 다 단단하고 거무스름하게 변하기 때문에 뭐가 뭔지 알 수 없다. 게다가 점점 쌓여간다면 언제 넣어두었는지도 기억이 가물가물. 반드시 봉지에 네임팬이나 매직을 사용하여 지워지지 않게 날짜와 내용물을 적어두는 게 좋다.

※ 냉장고와 냉동고에는 뜨거운 음식을 넣어선 안 된다. 냉장고 속의 온도를 높이기 때문이다. 충분히 식힌 후에 넣는 것을 잊지 말자.

주방생활백서 『주방청소 + 설거지』

주방청소

과일 껍질을 활용한다
레몬이나 오렌지 껍질을 싱크대 한쪽에 두었다가 냄새나는 생선을 손질하고 난 후에 도마나 칼, 싱크대에 문질러서 한 번씩 씻은 후 버리면 냄새 제거에 효과적이다.

키친타월을 사용한다
키친타월로 따로 수세미 사용할 것 없이 이곳저곳의 찌든 때나 싱크대, 가스레인지를 정리하면 편리하다. 세제가 묻어 있는 것은 장갑을 끼고 사용한다. 닦은 후에 물을 묻힌 종이타월로 한번 닦고 다시 마른 키친타월로 한번 닦아내면 행주를 빨 필요 없이 간단하게 마무리할 수 있다. 행주를 자주 빨지 못할 거라면 차라리 행주 대신 빨아 쓰는 두꺼운 종이타월을 사용하고 버리는 것이 위생적이다.

습기를 경계한다
싱크대의 그릇수납대도 아래에 물이 떨어지면서 항상 물이 고여 있기 때문에 물때가 생기므로 주기적으로 관리해주어야 한다. 도마와 칼은 바짝 말린 상태에서 보관하는 것이 좋다. 어둡고 습한 싱크대 아래 선반에 그냥 넣어두면 순식간에 세균이 번식한다. 물기를 잘 제거하고 햇볕이 있는 곳에 가끔씩 두면 좋다.

정기적으로 주방을 청소한다
가스레인지 위는 기름이 증기를 타고 올라가기 때문에 묵은 때가 생기고 먼지가 다시 달라붙는다. 뿐만 아니라 조리할 때 그 먼지가 떨어져서 굉장히 비위생적이다. 먼지가 쌓이지 않도록 주기적으로 후드를 관리해주어야 한다. 프라이팬도 마찬가지이다. 녹차 우린 물을 사용하거나 녹차 잎을 프라이팬에 넣고 볶으면 기름때가 사라진다. 남은 소주를 티슈에 묻혀 닦는 것도 좋은 방법이다.

설거지

그룹을 나눠 설거지한다
이것저것 쌓여 있는 설거지통은 보기만 해도 한숨이 절로 나온다. 요리를 만드는 과정에서부터 하나씩 정리하면서 설거지하면 정리의 기쁨과 함께 설거지도 금방 끝낼 수 있다. 먼저 기름진 설거지 그릇들은 한쪽으로 몰아두고 기름이 묻지 않은 것들부터 닦자. 바로 세제로 거품을 내 닦기보다는 먼저 아무것도 묻어 있지 않은 수세미로 물 속에서 문질러 가면서 남은 양념을 걷어내고 말라붙어 있는 것들도 가볍게 제거해서 크기별로 차곡차곡 정리한다. 그 다음에 작은 것들부터 거품을 묻혀 닦고 차례로 헹군다. 한 번에 다 거품을 묻혀 싱크대 안에 넣어버리면 헹굴 수 있는 공간이 부족한 경우도 생기므로 조금씩 그룹을 나눠서 설거지하는 것이 좋다. 이때 큰 설거지를 개수대에 받치고 불려야 하는 것들이 있으면 설거지하면서 고이는 물로 불리는 것도 방법이다. 이런 식으로 설거지를 마친 뒤 같은 방법으로 기름이 묻어 있는 것들을 설거지하면 된다.

기름기는 반드시 제거한다
기름진 것들은 미리 신문지나 키친타월로 기름때를 제거하고 하는 것이 기름 제거에도 수월하고 환경오염도 줄일 수 있다.
설거지를 마치고 난 후에는 싱크대를 한번 수세미로 문질러 닦아준 뒤 음식물쓰레기를 처리하면 된다.

『책 길라잡이』

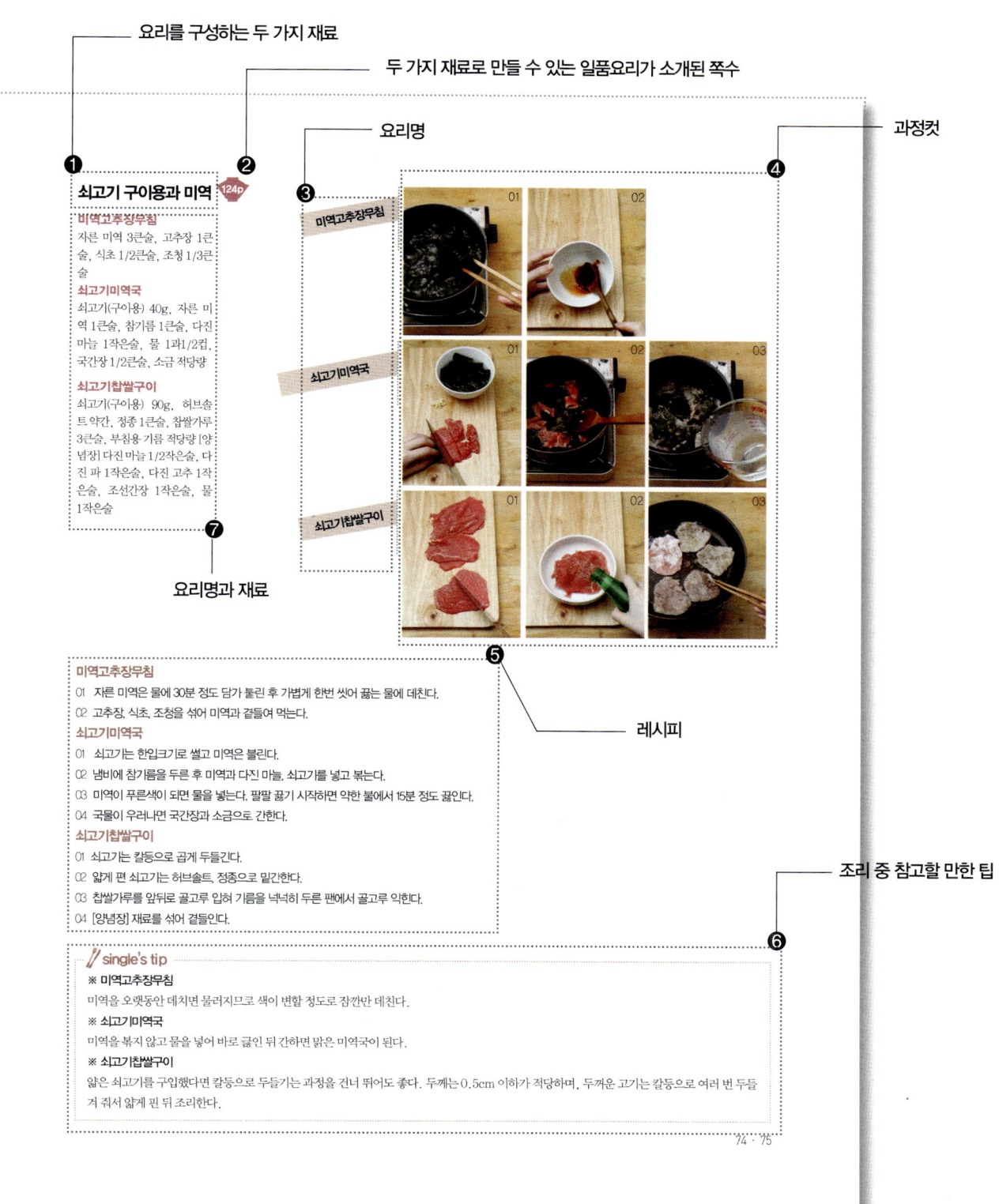

#02
두가지 재료로 만드는
밥상요리

애써서 장 본 모든 재료는 냉장고에 들어가자마자 썩기 시작하지
음식물쓰레기 봉투 하나 가득 채우려면 몇 달을 기다려야 하는지 모르겠어
양파 반 개, 파 한 단만 쓰고 버리기엔 너무 아까운데…
딱 두 가지 재료만 사서 하루동안 남김없이 해치울 수 있는 방법, 어디 없을까

오징어와 오이

오징어오이샐러드
오징어 다리 1/2, 오이 1/2개
[드레싱] 조선간장 1큰술, 식초 1큰술, 고춧가루 1/2큰술, 설탕 1/2큰술, 물 1큰술, 통깨 약간

오징어국
오징어 다리 1/2, 양파 1/4개, 파 5cm, 고추 1/2개, 참기름 1큰술, 다시마 육수 1과 1/2컵, 고춧가루 1/2큰술, 간장 1큰술

오이나물비빔밥
오이 1/2개, 소금 1/4작은술, 들기름 1큰술, 고추장 1큰술, 설탕 1작은술, 식초 1큰술, 통깨 1큰술

오징어오이샐러드
01 오징어는 먹기 좋은 크기로 썰고, 오이는 동그랗게 자른다.
02 오징어는 끓는 물에 불투명해질 때까지 데친다.
03 [드레싱] 재료를 골고루 섞어 뿌려 먹는다.

오징어국
01 오징어는 한입크기로, 양파는 도톰하게 채썰고, 파와 고추는 어슷썬다.
02 팬에 참기름을 두르고 중간 불에서 양파와 오징어를 넣고 3분 정도 볶는다.
03 겉면이 노릇해지면 분량의 다시마 육수와 고춧가루를 넣고 약한 불에서 10분 정도 끓인다.
04 양파, 오징어가 익으면 간장으로 간을 한 후 파와 고추를 넣고 한소끔 더 끓인다.

오이나물비빔밥
01 오이는 반으로 갈라 씨를 제거하고 어슷썬 후 소금을 뿌려 30분 이상 절인다.
02 들기름을 두른 팬에 오이를 넣고 5분 정도 중간 불에서 달달 볶는다.
03 오이가 푸릇하게 익으면 꺼내서 식히고, 고추장과 설탕, 식초를 섞어 초고추장을 만든다.
04 밥 위에 볶은 오이를 올린 후 통깨를 뿌리고 초고추장을 곁들인다.

// single's tip

※ 오징어 몸통은 108쪽 일품요리에서 사용한다.

※ 오징어오이샐러드
오이는 굵은 소금으로 빡빡 문질러 닦으면 살균효과를 볼 수 있고, 오이 겉부분에 뾰족한 가시가 제거되어 식감이 좋아진다. 세척 후에는 오이 겉부분의 남은 가시를 살짝 제거해주는 것이 좋다. 오징어는 색이 불투명한 하얀색이 나오도록 데치면 되는데 오랫동안 끓이면 질겨지므로 반드시 물이 끓기 시작했을 때 오징어를 넣는 것이 포인트다.

※ 오징어국
오징어와 양파, 파의 달콤한 맛이 살아나는 오징어국은 취향에 따라 고춧가루를 더 넣어 칼칼하게 끓여 먹어도 별미다.

※ 오이나물비빔밥
오이를 볶을 때는 너무 오랫동안 볶지 않고 푸른 빛이 살아날 때까지만 아삭하게 볶아주면 된다. 오이를 미리 절여놓아야 수분이 금세 날아가 더 빨리 볶을 수 있다. 미리 소금에 절여놓지 않으면 질척해질 수 있다.

닭안심살과 시금치

시금치국
시금치 3포기, 다시마 육수 1과 1/2컵, 멸치가루 1큰술, 된장 1큰술

닭안심살간장조림
들기름 1큰술, 건고추 1개, 마늘 1개, 닭안심살 3조각, 물 1/2컵, 정종 1큰술, 조청 1큰술, 고춧가루 1작은술, 조선간장 1과 1/2큰술, 통깨 1큰술

시금치고추장나물
시금치 5포기, 소금 약간, 고추장 1큰술, 조청 1작은술, 참기름 약간, 통깨 약간

시금치국
01 시금치는 잎을 낱낱이 뗀 후 먹기 좋은 크기로 썬다.
02 분량의 다시마 육수와 멸치가루를 넣고 끓인다.
03 ②가 끓으면 불을 약하게 줄이고 맛이 우러나올 때까지 5분 정도 더 끓인 후 된장을 풀어 시금치를 넣고 한번 우르르 끓인다.

닭안심살간장조림
01 달군 팬에 들기름을 두르고 어슷썬 건고추, 편썬 마늘과 닭안심살을 넣고 달달 볶는다.
02 겉면이 익으면 분량의 물과 정종, 조청, 고춧가루를 넣고 속이 익을 때까지 뚜껑을 덮고 15분 정도 약한 불에서 끓인다.
03 닭안심살이 속까지 다 익으면 꺼내서 결대로 찢은 후 간장을 넣고 국물이 반 정도 남을 때까지 약한 불에서 5분 동안 맛이 베이도록 졸인다.

시금치고추장나물
01 시금치는 소금을 넣고 끓인 물에 데친 후 체에 밭쳐 식힌다.
02 분량의 고추장, 조청을 넣어 골고루 섞고 시금치와 조물조물 무친 뒤 참기름과 통깨를 넣고 버무린다.

single's tip
※ 시금치국
시금치는 처음부터 넣고 끓이면 너무 물러서 식감이 떨어지고 색도 보기 좋지 않으므로 마지막에 넣고 잠깐 끓이는 것이 좋다.

※ 닭안심살간장조림
조림요리를 할 때 처음부터 간장을 넣고 조리면 짠맛이 스며들어 재료가 단단해지고 짜진다. 재료를 충분히 익힌 후에 맛을 내는 재료를 넣고 은근한 불에서 맛이 베이도록 졸이면 부드러우면서 적절한 간의 조림요리를 할 수 있다.

※ 시금치고추장나물
참기름을 처음부터 양념장에 넣어 섞으면 기름이 막을 형성하여 재료에 맛이 베이지 않는다. 양념을 모두 한 후에 마지막에 살짝 떨어뜨려서 향을 돋우는 것이 좋다.

조기와 부추 110p

부추겉절이
부추 15줄, 양파 1/4개
[양념장] 조선간장 1큰술, 식초 1큰술, 고춧가루 1/2큰술, 통깨 약간

조기고추장구이
조기 1마리 [양념장] 고추 1큰술, 조청 1/2큰술, 정종 1큰술, 통깨 약간

부추겉절이
01 부추는 4cm 길이로 자르고 양파는 곱게 채썬다.
02 분량의 [양념장]을 골고루 섞은 후 먹기 전에 가볍게 무쳐 통깨를 뿌려 낸다.

조기고추장구이
01 조기는 깨끗이 손질해 분량의 [양념장]을 골고루 발라 30분 이상 재운다.
02 재운 조기는 달군 팬에 종이 호일을 깔고 뚜껑을 덮고 타지 않도록 뒤집어가면서 굽는다.
03 통깨를 뿌려 낸다.

// single's tip
※ **부추겉절이**
양파는 부추와 비슷한 두께로 최대한 얇게 썰어야 씹히는 질감이 잘 어우러진다. 미리 버무려두면 수분이 배어 나오므로 먹기 직전에 버무린다.
※ **조기고추장구이**
조기를 구울 때 불 조절이 어렵다면 반 정도 익힌 후에 앞뒤로 양념장을 발라가면서 굽는다.

참치와 파프리카

파프리카잡채
파프리카(빨강, 노랑, 주황) 각 3/4개씩, 양파 1/4개, 파 5cm, 당면 20g, 기름, 조선간장 1큰술, 물 1큰술, 설탕 2작은술, 참기름 1작은술, 후춧가루 약간, 통깨 약간

참치죽
당근 1cm, 감자 1/10개, 양파 1/12개, 고추 1/4개, 참치 캔 기름 약간, 참치 1/2캔, 찬밥 2/3공기, 물 2컵, 소금·후춧가루 약간

파프리카잡채
01 파프리카와 양파, 파는 채썬다.
02 당면은 미리 따뜻한 물에 30분 이상 부드러워질 때까지 불린다.
03 팬에 기름을 두르고 양파와 당면을 넣어 볶는다.
04 양파가 투명해지고 당면이 부드럽게 익으면 분량의 간장, 물, 설탕을 넣고 파프리카와 파를 넣고 함께 볶는다.
05 파프리카가 아삭하게 볶아지면 참기름을 넣고 골고루 섞은 후 후춧가루와 통깨를 뿌린다.

참치죽
01 당근, 감자, 양파는 잘게 다지고, 고추는 적당한 크기로 썬다.
02 달군 냄비에 참치 캔 안의 기름을 붓고 다진 당근, 감자, 양파를 넣은 후 약한 불에서 5분 정도 볶는다.
03 양파가 투명해지면 참치와 밥을 넣고 물을 넣은 후 은근한 불에서 눋지 않도록 저어주면서 15~20분 정도 끓인다.
04 밥이 충분히 퍼지면 고추를 넣고 한번 부르르 끓인 뒤 입맛에 따라 소금과 후춧가루로 간한다.

single's tip
※ 파프리카잡채
파프리카를 썰 때 당면과 비슷한 두께로 얇게 썰면 젓가락으로 집어 먹을 때 식감이 훨씬 좋다. 파프리카는 생으로 먹어도 괜찮기 때문에 익는 정도와 관계 없이 마지막에 넣어 슬쩍 볶아주기만 하면 된다.

※ 참치죽
참치 캔 안의 기름을 활용해서 채소를 볶으면 향이 더 풍부해진다.

쇠고기 잡채용과 우엉 112p

우엉볶음
우엉 15cm, 기름 적당량, 조선 간장 1큰술, 조청 1큰술, 참기름 1작은술, 통깨 약간

우엉찹쌀찜
우엉 10cm, 찹쌀가루 1/2큰술, 고추장 2작은술, 조청 1작은술, 참기름 약간, 파 약간

우엉쇠고기전
쇠고기(잡채용) 40g, 후춧가루 약간, 정종 약간, 다진 고추 2큰술, 밀가루 1/2큰술, 우엉 10cm, 소금 약간, 기름 적당량

우엉볶음
01 우엉을 어슷썬 후 가늘게 채썬다.
02 기름을 넉넉하게 두른 팬에 우엉을 넣고 달달 볶는다.
03 우엉이 충분히 볶아지면 간장과 조청을 넣고 간이 베이도록 골고루 볶아 참기름과 통깨를 뿌려 낸다.

우엉찹쌀찜
01 우엉은 어슷썬다.
02 찹쌀가루를 골고루 묻혀 찜통에 찐다.
03 젓가락이 들어갈 정도로 푹 익으면 꺼낸다.
04 고추장과 조청, 참기름을 섞어 우엉을 넣고 버무린다. 송송 썬 파를 뿌려 마무리한다.

우엉쇠고기전
01 고기는 잘게 다져 후춧가루와 정종에 재운다. 다진 고추와 밀가루를 넣어 농도를 조절한다.
02 우엉은 강판에 갈아 ①에 골고루 섞고 소금으로 간한다.
03 기름을 두른 팬에 한입크기로 부친다.

> **single's tip**
>
> ※ **우엉볶음**
> 우엉을 충분히 볶아야 부드럽고 고소한 맛을 즐길 수 있다.
>
> ※ **우엉찹쌀찜**
> 고추장 양념 대신 다진 고추와 마늘, 파, 간장을 잘 섞어 곁들여도 좋다. 우엉을 젓가락으로 찔렀을 때 잘 들어가면 알맞게 익은 것이다.
>
> ※ **우엉쇠고기전**
> 우엉은 껍질째 깨끗이 씻은 후 칼등으로 긁어서 얇게 껍질을 벗겨내 사용한다.

베이컨과 마늘종

베이컨마늘종말이
마늘종 4줄, 소금 약간, 베이컨 3줄

매운마늘종조림
마늘종 5줄, 건고추 1개, 양파 1/4개, 참기름 1큰술, 소금 약간

베이컨마늘종말이
01 마늘종은 8cm 정도로 3등분한 후 끓는 소금물에 넣어 파란빛이 살아날 때까지 데친다.
02 베이컨으로 마늘종을 4개씩 돌돌 만다.
03 달군 냄비에 올려 돌려가면서 베이컨이 노릇해질 때까지 3분 정도 굽는다.

매운마늘종조림
01 마늘종은 4cm 길이로 자르고, 건고추는 어슷썬다. 양파는 도톰하게 채썬다.
02 달군 팬에 참기름을 두르고 건고추와 양파를 넣고 양파가 투명해지면 마늘종을 넣고 함께 볶은 후 소금을 약간 뿌려 간한다.

single's tip
※ **베이컨마늘종말이**
베이컨을 구울 땐 끝이 맞닿은 부분부터 구워야 풀리지 않는다. 마늘종은 미리 데쳐놓아야 베이컨이 익는 동안 완전히 익는다.
※ **매운마늘종조림**
건고추는 향을 내기 위해서 사용한 것이므로 먹지 않아도 좋다.
마늘종은 눌러보았을 때 부드러울 정도로 볶는다. 너무 오랫동안 볶으면 색이 누렇게 되면서 물렁물렁해지거나 질겨져서 아삭한 맛이 없다.

두부와 더덕 114p

고추장두부구이조림
두부 2/3모, 부침용 기름 약간, 고추장 2큰술, 조청 1큰술, 정종 2큰술, 다진 마늘 1작은술, 통깨 약간

간장더덕구이
더덕 3뿌리, 조선간장 1/2큰술, 물 1큰술, 참기름 1작은술, 검은깨 약간

고추장두부구이조림
01 두부는 1cm 두께로 도톰하게 썰어서 키친타월을 이용해 물기를 뺀 뒤 기름을 두른 팬에 약한 불에서 앞뒤로 노릇하게 5분 정도 굽는다.
02 고추장, 조청, 정종, 다진 마늘을 넣고 양념장을 만들어서 약한 불에서 한소끔 끓인다.
03 두부를 넣고 골고루 맛이 베이도록 약한 불에서 3분 정도 졸인 후 통깨를 뿌려 낸다.

간장더덕구이
01 더덕은 껍질을 벗긴 후 두드려 납작하게 편다.
02 분량의 간장, 물, 참기름을 넣고 고루 섞어 ①에 고루 바른다.
03 마른 팬에 약한불로 노릇하게 굽는다.

> **single's tip**
>
> ※ **고추장두부구이조림**
> 두부는 키친타월로 잘 두드려 물기를 빼고 구워야 기름이 튀지 않아 안전하다. 겉에 전분가루나 밀가루를 한번 입혀서 구우면 양념장이 더 잘 베어든다.
>
> ※ **간장더덕구이**
> 더덕은 껍질을 깨끗이 씻은 후에 칼로 돌려깎으면 쉽게 껍질이 벗겨진다. 만약 잘 씻지 않고 껍질을 벗기면 더덕에 흙이 묻고, 깎은 뒤 씻으면 향이 날아가므로 최대한 깨끗이 씻고 껍질을 벗겨 바로 요리한다.

고등어와 양배추

고등어양배추찜
고등어 1마리, 파 5cm, 마늘 2개, 허브솔트 약간, 양배추 (겉장 기준) 2cm, 정종 2큰술

양배추김치
양배추 잎 4장, 양파 1/4개, 국간장 1큰술, 물 1큰술, 고춧가루 1작은술, 설탕 1/2작은술, 다진 마늘 1작은술

양배추국
양배추 잎 2장, 대파 5cm, 들기름 1작은술, 다시마 육수 1과 1/2컵, 국간장 1작은술, 소금 약간

고등어양배추찜
01 내장을 제거한 고등어와 양배추는 어슷썬 파, 편썬 마늘과 함께 허브솔트와 정종을 뿌려 재운다.
02 팬에 종이호일을 깔고 파를 뺀 ①을 넣는다.
03 뚜껑을 덮고 약한 불에서 찐다.
04 고등어가 촉촉하게 익으면 파를 넣고 앞뒤로 노릇하게 굽는다.

양배추김치
01 양배추와 양파는 2×2cm 크기로 잘라 물과 국간장에 30분 이상 재운다.
02 ①의 국간장 국물과 고춧가루, 설탕, 다진 마늘을 섞어 양념장을 만든다.
03 ①을 ②의 양념장에 버무린다.

양배추국
01 양배추는 채썰고, 대파는 어슷썬다.
02 들기름을 두른 팬에 양배추를 볶다가 노릇해지면 다시마 육수와 물을 넣고 끓인다.
03 양배추가 흐물흐물해지면 대파를 넣고 국간장과 소금으로 간한다.

// single's tip

※ **고등어양배추찜**
종이호일을 깔고 생선을 구우면 팬에 비린내도 덜 남고, 생선이 들러붙어 설거지하는 수고를 덜 수 있다.

돼지고기 불고기용과 쑥갓 116p

돼지고기쑥갓찌개
쑥갓 40g, 양파 1/4개, 고추 1/4개, 다진 마늘 1큰술, 돼지고기(불고기용) 50g, 다시마 육수 1과1/2컵, 고춧가루 1작은술, 조선간장 1큰술

쑥갓나물
쑥갓 60g, 조선간장 1/2작은술, 참기름 약간, 통깨 약간

돼지고기쑥갓찌개

쑥갓나물

돼지고기쑥갓찌개
01 쑥갓은 4cm 길이로 자르고, 양파는 도톰하게 채썰고, 고추는 어슷썬다.
02 냄비에 양파, 다진 마늘, 돼지고기를 넣고 볶다가 겉면이 익으면 다시마 육수를 넣고 끓인다.
03 끓기 시작하면 약한 불에서 고춧가루를 넣고 맛이 베이도록 15분 정도 끓인 후 간장으로 간하고 고추와 쑥갓을 넣어 마무리한다.

쑥갓나물
01 쑥갓은 끓는 물에 줄기부터 넣고 줄기가 부드러워질 때까지 데친다.
02 물기를 꽉 짜고 4cm 길이로 썬다.
03 분량의 간장을 넣고 조물조물 무치다 참기름을 넣고 한번 더 버무린 후 통깨를 뿌려낸다.

// single's tip
※ **돼지고기쑥갓찌개**
쑥갓은 줄기 부분부터 넣고 줄기 부분이 부드러워지면 잎 부분을 넣어 불을 끄고 마무리한다.

※ **쑥갓나물**
살짝만 양념을 해도 쑥갓의 향이 식욕을 당기는 나물이다. 초고추장 양념과도 잘 어울린다.

크래미와 양상추 117p

양상추쌈밥
양상추 5잎 [쌈장] 양파 약간, 고추 1/5개, 파 1대, 다진 마늘 1/3작은술, 된장 1큰술, 고추장 1큰술, 조청 1작은술, 참기름 약간

양상추크래미냉채
양상추 5잎, 크래미 4개 [드레싱] 겨자 1큰술, 식초 3큰술, 설탕 2큰술, 소금 1/2작은술, 검은깨 약간

양상추쌈밥
01 양상추는 깨끗이 씻은 후 물기를 빼고 한입크기로 자른다.
02 [쌈장]은 분량의 재료를 모두 섞어 만든다.
03 양상추에 밥과 [쌈장]을 올려 싸먹는다.

양상추크래미냉채
01 양상추는 깨끗이 씻어 물기를 없앤 후 가늘게 채썬다.
02 크래미는 손으로 잘게 찢는다.
03 분량의 [드레싱]을 골고루 섞은 후 먹기 직전에 곁들인다.

single's tip

※ **양상추쌈밥**
아삭한 양상추와 쌈장이 어우러진 요리로 양상추의 줄기 부분보다는 연한 잎 부분을 사용하는 게 포인트다.

삼치와 돼지호박 118p

삼삼한 삼치조림
파 1/2개, 고추 1/2개, 마늘 2개, 삼치 1/2마리, 정종 1큰술, 조청 1/2큰술, 다시마 육수 1/2컵, 조선간장 1과1/2큰술

돼지호박볶음
돼지호박 1/3개, 양파 1/8개, 기름 적당량, 굴소스 1/2큰술, 케첩 1/2큰술, 다진 파 1작은술, 다진 마늘 1/2작은술, 통깨 약간

삼삼한 삼치조림
01 파와 고추는 어슷썰고 마늘은 편썬다.
02 프라이팬에 종이호일을 깔고 삼치를 올린 후 분량의 파, 마늘, 정종, 조청, 다시마 육수를 골고루 섞어 넣고 뚜껑을 덮고 약한 불에서 15분 정도 끓인다.
03 살이 단단해지면 간장을 넣고 양념장을 끼얹어가면서 익힌다.
04 삼치에 맛이 베이고 다 익으면 나머지 파와 고추를 넣고 뜸을 들인다.

돼지호박볶음
01 돼지호박은 반달 모양으로 자르고 양파는 깍둑썬다.
02 팬에 기름을 두른 후 돼지호박과 양파를 넣고 중간 불에서 3분 정도 달달 볶는다.
03 양파가 투명해지면 분량의 굴소스, 케첩, 다진 파, 다진 마늘을 넣고 약한 불에서 맛이 베이도록 3분 정도 볶아준 후 통깨를 뿌려 낸다.

//single's tip
※ **삼삼한 삼치조림**
칼칼한 맛을 느끼고 싶다면 고춧가루를 넉넉하게 넣고 끓이면 된다.
※ **돼지호박볶음**
굴소스와 케첩 대신 칠리소스를 넣고 볶아도 맛이 좋다.

닭다리살과 아스파라거스

닭다리살아스파라거스구이
마늘 3개, 파 5cm, 아스파라거스 2개, 닭다리살 2개, 허브솔트 1/4작은술, 정종 약간, 올리브오일 적당량

아스파라거스초절임
아스파라거스 3개, 식초 2큰술, 소금 약간, 설탕 1큰술

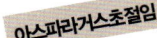

닭다리살아스파라거스구이
01 마늘은 도톰하게 편썰고 파는 어슷썬다. 아스파라거스는 뿌리처럼 올라온 마디 부분을 제거하고 먹기 좋은 길이로 자른다. 닭다리살에 허브솔트를 뿌린 뒤 마늘과 파를 넣고 정종에 30분간 재운다.
02 팬에 올리브오일을 두르고 닭다리살을 껍질이 위로 가게 올린 후 마늘, 파와 함께 약한 불에서 15분 정도 뒤집어가며 노릇하게 굽는다. 중간에 다 익은 마늘은 타지 않도록 꺼낸다.
03 닭다리살이 다 익으면 팬에서 꺼내고 남은 기름에 아스파라거스를 볶는다.

아스파라거스초절임
01 아스파라거스는 뿌리처럼 올라온 마디 부분을 제거한다.
02 도마에 두고 필러로 얇게 썬다.
03 끓는 소금물에 데친 후 찬물에 헹궈 물기를 뺀다.
04 분량의 식초, 소금, 설탕을 잘 섞은 후 아스파라거스를 넣고 골고루 재운다.

// single's tip
※ **닭다리살아스파라거스구이**
처음부터 아스파라거스를 넣고 익히면 색이 변해서 보기 좋지 않다. 마지막에 넣고 살짝 볶아주면 색도 좋고 맛도 아삭한 맛이 살아난다. 닭다리살을 껍질이 위로 가도록 해서 구우면 살이 촉촉해진다. 살이 충분히 익으면 뒤집어서 껍질 쪽도 바삭하게 익히면 더욱 좋다. 종이호일을 덮으면 수분은 흡수하고 증기가 생기도록 도와주어 더 빠르게 찌듯이 익어서 촉촉하다.

※ **아스파라거스초절임**
소금물에 아스파라거스를 데치면 색이 더 파랗게 살아난다. 식초에 너무 오랫동안 재우면 색이 누렇게 변해서 식감이 떨어지므로 금방 맛이 베이도록 얇게 잘라 가볍게 5분 정도 재우는 것이 좋다.

새우와 양송이버섯

중국식새우양송이탕
양송이버섯 2개, 파 3cm, 마늘 1개, 참기름 1작은술, 새우 4마리, 굴소스 1큰술, 다시마 육수 1과 1/2컵, 전분물 2큰술 (물 1큰술, 전분가루 1큰술)

양송이장아찌
양송이버섯 5개 [양념장] 조선간장 2큰술, 물 2큰술, 식초 2큰술, 설탕 2큰술

중국식새우양송이탕
01 양송이버섯은 4등분한다. 파는 어슷썰고, 마늘은 편썬다.
02 냄비에 참기름을 두른 후 중간 불에서 마늘, 양송이버섯을 넣고 볶는다.
03 겉면이 노릇해지면 새우와 굴소스를 넣고 함께 잘 섞이도록 볶은 후 다시마 육수를 붓는다.
04 은근한 불에서 10분 정도 끓인 후 전분물을 넣고 골고루 저어 파를 넣고 한소끔 끓인다.

양송이장아찌
01 양송이버섯은 깨끗이 씻어 물기를 제거하고 [양념장] 재료를 넣어 끓인다. 이때 끓이면서 생기는 거품은 거둬낸다.
02 밀폐용기에 버섯을 담고 뜨거운 상태의 ①을 붓는다.
03 뚜껑을 덮어 밀폐한다.
04 3일 후에 다시 한번 양념장만 따라내어 끓인다. 식힌 뒤 밀폐용기에 넣고 맛이 베이면 먹는다.

single's tip

※ 중국식새우양송이탕
전분물을 넣은 후에는 재빨리 골고루 섞어주어야 한다. 전분물을 넣어서 농도를 진하게 조절해주면 음식의 온기가 더 오래간다.

※ 양송이장아찌
양념장을 다시 한번 끓이면 채소에서 나온 수분으로 인해 연한 맛은 더 진해지고 장아찌의 보관기간이 더 길어진다.

※ 양송이 버섯을 씻을 때
흐르는 물에 샤워하듯이 가볍게 씻거나, 젖은 키친타월로 겉면을 살살 닦아주면 된다. 오랫동안 물에 담가두면 버섯 특유의 맛이 없어진다.

스팸과 깻잎 121p

스팸깻잎고추장찌개
스팸 싱글 1개(80g), 양파 1/4개, 당근 2cm, 감자 1/4개, 파 5cm, 깻잎 4장, 고춧가루 1큰술, 다시마 육수 2컵, 고추장 1큰술, 소금 약간

깻잎조림
깻잎 10장, 간장 1큰술, 조청 1큰술, 다진 고추 1작은술, 다진 마늘 1작은술, 물 1/3컵

스팸깻잎고추장찌개
01 스팸, 양파, 감자, 당근은 깍둑썰고 파는 어슷썬다. 깻잎은 도톰하게 채썬다.
02 달궈진 냄비에 스팸, 양파, 당근, 감자를 넣고 중간 불에서 달달 볶다가 겉면이 노릇해지면 고춧가루와 다시마 육수를 넣고 끓인다.
03 팔팔 끓으면 불을 줄이고 채소가 익을 때까지 약한 불에서 15분 정도 끓인다.
04 채소가 익으면 고추장과 깻잎, 파를 넣고 한소끔 끓인 후 소금으로 부족한 간을 한다.

깻잎조림
01 깻잎은 깨끗이 씻는다.
02 분량의 간장, 조청, 다진 고추, 다진 마늘, 물을 넣고 끓인다.
03 한소끔 끓으면 깻잎을 지그재그로 겹쳐 가면서 켜켜이 양념장을 끼얹는다.
04 양념한 깻잎을 냄비에 넣고 뚜껑을 덮은 후 맛이 배이도록 약한 불에서 5분 정도 졸인다.

single's tip
※ 스팸깻잎고추장찌개
깻잎은 여러 장 겹쳐서 말아 채썰면 손쉽게 썰 수 있다. 팬에 볶을 땐 스팸에서 기름이 나오므로 따로 기름을 넣을 필요가 없다.

※ 깻잎조림
깻잎의 꼭지 부분을 왼쪽 오른쪽으로 번갈아 가면서 켜켜이 쌓으면 깻잎조림을 먹을 때 꼭지 부분을 잡고 낱장으로 떼서 먹을 수 있으므로 좋다.

삼겹살과 무 122p

삼겹살간장볶음
삼겹살 3줄, 마늘 3개, 조선간장 1큰술, 정종 1큰술, 설탕 1작은술

무생채
무 5cm, 고춧가루 3큰술, 식초 6큰술, 설탕 3큰술, 소금 3/4작은술, 통깨 약간

무국
무 3cm, 파 3cm, 들기름 1큰술, 다진 마늘 1/2작은술, 다시마 육수 1과1/2컵, 국간장 약간

삼겹살간장볶음
01 달군 팬에 삼겹살을 익힌다. 삼겹살이 반 정도 익으면 편으로 썬 마늘을 넣고 함께 익힌다.
02 마늘과 삼겹살이 모두 익으면 키친타월로 기름을 빼고 한입크기로 자른다.
03 불을 줄이고 간장, 정종, 설탕을 넣은 뒤 맛이 베이도록 볶는다.

무생채
01 무는 세로 방향으로 얇게 썬 후 결대로 최대한 가늘게 채썬다.
02 무에 고춧가루를 넣고 골고루 버무려 30분 정도 절인다.
03 부드러워지면 식초, 설탕, 소금을 넣고 골고루 버무린다. 맛이 베이면 통깨를 뿌려 마무리한다.

무국
01 무는 나박썰고, 파는 송송 썬다.
02 달군 냄비에 들기름을 두르고 다진 마늘과 무를 넣고 달달 볶는다.
03 무가 들기름을 모두 먹으면 다시마 육수를 붓는다. 끓기 시작하면 무에서 시원한 맛이 나올 때까지 약한 불로 15분 정도 푹 끓인다.
04 맛이 우러나오면 파를 넣고 간장으로 간을 한다.

// single's tip

※ **삼겹살간장볶음**
기름기를 빼야 칼로리는 줄어들고 맛은 담백해진다. 누린내가 나는 돼지고기는 이렇게 활용해 먹으면 냄새가 나지 않아 좋다.

※ **무생채**
무는 결대로 썰어야 씹는 맛이 살아난다. 고춧가루에 절이면 색도 잘 베고 수분도 많이 나오지 않아 좋다.

※ **무국**
무에서 아린 맛이 느껴질 땐 쌀뜨물을 넣어주면 아린 맛이 가신다. 푸른 부분은 생채로, 흰 부분은 국을 끓일 때 사용하면 좋다.

굴과 마 123p

마굴전
마 7cm, 굴 1/4봉지, 파 5cm, 밀가루 1큰술, 소금 약간, 기름 적당량

마구이
마 5cm, 참기름·소금 약간

굴국
굴 1/4봉지, 마늘 1개, 파 약간, 참기름 약간, 물 1과 1/2컵, 소금·후춧가루 약간

마굴전
01 마는 껍질째 깨끗이 씻어 겉면을 불에 태워 잔털을 제거한 후 강판에 간다.
02 굴은 소금물에 헹궈 씻은 뒤 물기를 빼 준비하고, 파는 곱게 다진다.
03 다진 파와 마, 밀가루를 넣고 골고루 섞은 후 소금으로 간한다.
04 기름을 두른 팬에 반죽을 1큰술씩 올린 후 굴을 하나씩 올려 앞뒤로 노릇하게 지진다.

마구이
01 마는 껍질째 깨끗이 씻은 후 겉면을 불에 태워 잔털을 제거한다.
02 1cm 두께로 도톰하게 썬다.
03 참기름을 두른 팬에 마를 넣고 소금을 약간 뿌려가면서 앞뒤로 노릇하게 굽는다.

굴국
01 굴은 소금물에 살살 씻어 체에 밭친다. 마늘은 편썰고 파는 송송 썬다.
02 냄비에 참기름을 두른 뒤 마늘을 넣고 달달 볶아 향을 뺀다.
03 마늘이 노릇해지면 굴을 넣고 재빨리 한번 볶은 후 물을 붓고 끓인다.
04 물을 붓고 생기는 거품을 제거한 후 한번 더 펄펄 끓으면 소금과 후춧가루로 간을 하고 송송 썬 파를 곁들여 낸다.

// single's tip
※ **마굴전**
마를 갈고 시간이 지나면 갈변현상이 일어나므로 먹기 직전에 갈아 넣는 것이 좋다.

쇠고기 구이용과 미역

미역고추장무침
자른 미역 3큰술, 고추장 1큰술, 식초 1/2큰술, 조청 1/3큰술

쇠고기미역국
쇠고기(구이용) 40g, 자른 미역 1큰술, 참기름 1큰술, 다진 마늘 1작은술, 물 1과1/2컵, 국간장 1/2큰술, 소금 적당량

쇠고기찹쌀구이
쇠고기(구이용) 90g, 허브솔트 약간, 정종 1큰술, 찹쌀가루 3큰술, 부침용 기름 적당량 [양념장] 다진 마늘 1/2작은술, 다진 파 1작은술, 다진 고추 1작은술, 조선간장 1작은술, 물 1작은술

미역고추장무침
01 자른 미역은 물에 30분 정도 담가 불린 후 가볍게 한번 씻어 끓는 물에 데친다.
02 고추장, 식초, 조청을 섞어 미역과 곁들여 먹는다.

쇠고기미역국
01 쇠고기는 한입크기로 썰고 미역은 불린다.
02 냄비에 참기름을 두른 후 미역과 다진 마늘, 쇠고기를 넣고 볶는다.
03 미역이 푸른색이 되면 물을 넣는다. 팔팔 끓기 시작하면 약한 불에서 15분 정도 끓인다.
04 국물이 우러나면 국간장과 소금으로 간한다.

쇠고기찹쌀구이
01 쇠고기는 칼등으로 곱게 두들긴다.
02 얇게 편 쇠고기는 허브솔트, 정종으로 밑간한다.
03 찹쌀가루를 앞뒤로 골고루 입혀 기름을 넉넉히 두른 팬에서 골고루 익힌다.
04 [양념장] 재료를 섞어 곁들인다.

// single's tip

※ **미역고추장무침**
미역을 오랫동안 데치면 물러지므로 색이 변할 정도로 잠깐만 데친다.

※ **쇠고기미역국**
미역을 볶지 않고 물을 넣어 바로 끓인 뒤 간하면 맑은 미역국이 된다.

※ **쇠고기찹쌀구이**
얇은 쇠고기를 구입했다면 칼등으로 두들기는 과정을 건너 뛰어도 좋다. 두께는 0.5cm 이하가 적당하며, 두꺼운 고기는 칼등으로 여러 번 두들겨 줘서 얇게 핀 뒤 조리한다.

유부와 느타리버섯

느타리유부잡채
느타리버섯 7개, 양파 1/4개, 파 5cm, 유부 3장, 당면 20g, 참기름 약간, 다진 마늘 1작은술, 조선간장 1큰술, 물 1큰술, 설탕 1작은술, 통깨 약간

유부고추장된장찌개
유부 3장, 느타리버섯 5개, 감자 1/4개, 양파 1/8개, 파 3cm, 다시마 육수 1과 1/2컵, 멸치가루 1큰술, 고추장 1큰술, 된장 1/2큰술

느타리유부잡채
01 느타리버섯은 가닥가닥 찢고, 양파는 도톰하게, 파는 얇게 채썬다. 유부는 끓는 물에 삶은 후에 물기를 꽉 짜서 채썬다.
02 당면은 뜨거운 물에 30분 이상 불린다.
03 팬에 참기름을 두르고 양파와 다진 마늘을 넣어 양파가 투명해질 때까지 약한 불에서 7분 정도 볶는다.
04 느타리버섯과 유부를 넣고 뚜껑을 덮은 후 버섯의 숨이 죽을 때까지 익힌다.
05 당면과 간장, 물, 설탕을 넣고 약한 불에서 5분 정도 볶는다.
06 당면에 맛이 베이면 파를 넣고 살짝 볶은 후 통깨를 뿌려 마무리한다.

유부고추장된장찌개
01 유부는 끓는 물에 삶아 기름기를 뺀 뒤 꽉 짜서 물기를 뺀다.
02 끓는 물에 데친 유부는 채썰고, 느타리버섯은 가닥가닥 찢는다. 감자와 양파는 깍둑썰고 파는 어슷썬다.
03 냄비에 다시마 육수와 멸치가루를 넣고 끓기 시작하면 감자와 양파를 넣은 뒤 약한 불에서 10분 정도 끓인다.
04 감자와 양파가 익기 시작하면 고추장과 된장을 풀고 버섯과 유부를 넣은 뒤 중간 불에서 3분 정도 끓인다.
05 재료에 맛이 베이면 파를 넣어 한소끔 더 끓여낸다.

// single's tip

※ **느타리유부잡채**
느타리버섯은 가늘게 찢어서 당면과 잘 어우러지도록 요리하면 쫄깃한 식감이 좋다. 유부는 충분히 삶아 기름기를 빼면 더 담백해진다.

※ **유부고추장된장찌개**
고추장과 된장을 섞어서 찌개를 끓이면 매콤한 맛과 구수한 맛이 어우러져 좋다. 유부는 살짝만 끓여서 식감을 살린다.

※ **활용 요리 〈느타리유부밥〉**
[재료] 유부 1장, 느타리버섯 30g, 쌀 1/3컵, 다시마 육수 적당량, 고추 1/2개, 통깨 1작은술, 조선간장 1작은술, 참기름 1작은술
01 유부는 끓는 물에 삶아 물기를 꽉 짜서 쌀알크기로 채썰고, 느타리버섯은 가닥가닥 찢는다.
02 깨끗이 씻어놓은 쌀 위에 유부와 느타리를 골고루 올린 후 1cm가량이 밥 위로 올라오게 하여 다시마 육수를 넣고 밥을 짓는다.
03 고추를 곱게 다진 후 통깨와 간장을 함께 섞어 양념장을 만들어 ②와 곁들여 먹는다.

※ **유부를 구입할 때**
양념이 되어 있지 않은 유부는 10개씩 냉장 보관되어 있거나 냉동코너에서 찾을 수 있다.

닭가슴살과 브로콜리

브로콜리수프
양파 1/4개, 감자 1/4개, 브로콜리 10송이, 기름 약간, 물 1/2컵, 우유 1컵, 소금·후춧가루 약간

브로콜리닭가슴살촉촉구이
브로콜리 4송이, 마늘 1개, 닭가슴살 1개, 정종 2큰술, 허브솔트 1작은술, 기름 약간, 물 2큰술

브로콜리수프
01 양파와 감자는 잘게 썰고 브로콜리는 납작하게 썰어 잠길 정도의 물에 넣은 후 데친다.
02 팬에 기름을 두르고 약한 불에서 볶다가 양파가 투명해지면 브로콜리 데친 물을 넣고 끓인다.
03 감자가 익으면 분량의 우유를 넣고 중간불에서 끓인다.
04 우유가 끓기 시작하면 브로콜리와 함께 믹서기에 넣고 곱게 갈아 한소끔 더 끓이고 소금과 후춧가루로 간한다.

브로콜리닭가슴살촉촉구이
01 브로콜리는 먹기 좋은 크기로 자르고 마늘은 편썬다.
02 마늘과 닭가슴살은 정종, 허브솔트를 뿌려 재운다.
03 달궈진 팬에 기름을 두른 후 센불에서 닭가슴살과 마늘을 넣고 겉면을 익힌다.
04 겉면이 익으면 물과 브로콜리를 넣은 후 뚜껑을 덮고 약한불에서 15분 정도 속까지 익힌다.
05 닭고기가 속까지 익으면 뚜껑을 열어 겉면이 노릇해지고 물기가 없어질 때까지 굽는다.

single's tip
※ 브로콜리수프
브로콜리를 물에 넣고 오랫동안 끓이면 색이 변해서 완성됐을 때 수프가 노란색을 띠게 된다. 풋내가 나지 않을 때까지 삶아서 사용하면 색과 맛이 한층 살아난다. 조금 더 진한 스프를 먹고 싶다면 물을 더하지 않고 자체의 수분으로 익도록 브로콜리만 넣어 전자레인지에 돌리면 된다. 수프를 만들 때에는 버터와 밀가루를 2:1 비율로 팬에 볶아서 넣어주면 농도가 진해지면서 더 깊고 고소한 맛이 난다. 버터가 없다면 감자의 전분을 활용해서 수프의 농도를 진하게 만들 수 있다. 감자는 미리 깎아 놓으면 갈변현상이 일어나므로 반드시 사용하기 직전에 깎아서 사용한다. 감자 전분과 물을 1:1 비율로 섞어서 1~2큰술 정도 넣으면 적당한 농도의 수프를 만들 수 있다.

※ 브로콜리닭가슴살촉촉구이
브로콜리는 색이 변하지 않도록 물이 끓는 도중에 넣는 것이 좋다. 닭가슴살은 두껍기 때문에 속까지 고루 익는 데 시간이 많이 걸린다. 이땐 뚜껑을 덮고 익혀야 증기가 발생해서 안팎으로 열기가 잘 전달되므로 더 빨리 고루 익는다.

주꾸미와 애호박 127p

애호박새우젓국찌개
애호박 1/4개, 양파 1/8개, 참기름 1큰술, 물 1과1/2컵, 새우젓 2작은술

애호박구이양념장
애호박 1/2개, 물 4큰술 [양념장] 조선간장 1작은술, 참기름 1큰술, 통깨 약간

주꾸미데침
주꾸미 3마리, 밀가루 약간, 고추장 2작은술, 식초 2작은술, 설탕 약간

애호박새우젓국찌개
01 애호박은 반달 모양으로 썰고 양파는 도톰하게 채썬다.
02 달궈진 냄비에 참기름을 두르고 애호박와 양파를 넣은 뒤 약한 불에서 5분 정도 달달 볶는다.
03 양파가 투명해지면 분량의 물을 넣고 끓인다. 끓기 시작하면 약한 불에서 15분 정도 끓인다.
04 채소가 모두 충분히 무르면 새우젓을 넣어 간을 하고 한소끔 끓인다.

애호박구이양념장
01 애호박은 0.5cm 두께로 썰고 [양념장]은 잘 섞는다.
02 마른 팬에 애호박을 넣고 물을 넣은 후 뚜껑을 덮고 약한 불에서 찌듯이 5분 정도 익힌다.
03 애호박이 투명해지면 뚜껑을 열고 센불에서 3분 정도 앞뒤로 노릇하게 굽는다.
04 분량의 [양념장]을 끼얹어 먹는다.

주꾸미데침
01 주꾸미는 머릿속의 먹물과 내장을 제거한다.
02 다리 쪽에 이빨을 제거한다.
03 밀가루를 뿌린 뒤 문질러 깨끗한 물이 나올 때까지 빨듯이 씻는다. 끓는 물에 데친 후 찬물에 헹궈 먹기 좋은 크기로 썬다.
04 분량의 고추장과 식초, 설탕을 골고루 섞어 찍어 먹는다.

single's tip
※ **애호박새우젓국찌개**
애호박의 달달한 맛이 잘 우러나도록 약한 불에서 충분히 끓이는 것이 핵심이다.
※ **애호박구이양념장**
뚜껑을 열고 수분이 날아가도록 해야 겉이 노릇하고 씹히는 질감이 좋다.
※ **주꾸미데침**
주꾸미는 너무 오래 데치면 질겨진다. 주꾸미가 불투명해지면 바로 꺼내서 찬물에 헹군다.

돼지고기 잡채용과 피망

피망잡채
피망 1개, 양파 1/4개, 돼지고기(잡채용) 100g, 정종 2큰술, 소금·후춧가루 약간, 전분가루 약간, 참기름 약간, 다진 마늘 1작은술, 굴소스 2큰술, 통깨 약간

피망국
피망 1/2개, 양파 1/4개, 돼지고기(잡채용) 30g, 굴소스 1작은술, 다시마 육수 2컵

피망잡채
01 피망은 반으로 자른 후 모양을 살려서 2mm 두께로 채썰고, 양파도 피망과 같은 두께로 썬다.
02 돼지고기는 정종과 소금과 후춧가루로 밑간하고 전분가루를 얇게 입혀 볶는다.
03 팬에 참기름을 두른 뒤 다진 마늘을 넣고 볶아 향을 낸다.
04 양파를 넣고 볶다가 양파가 투명해지면 피망과 볶은 고기를 넣는다.
05 굴소스를 넣고 골고루 볶아낸 후 통깨를 뿌린다.

피망국
01 피망과 양파는 한입크기로 썰고, 돼지고기도 한입크기로 썬다.
02 달군 팬에 돼지고기와 양파, 피망을 넣고 볶는다.
03 겉면이 노릇해지면 굴소스를 넣고 골고루 볶는다.
04 분량의 다시마 육수를 넣고 끓인다.

single's tip
※ 돼지고기 잡채용을 구입해서 사용할 때는 바로 사용하면 되고 잘라져 있지 않은 고기를 사용할 때는 잘라서 사용한다.
※ **피망잡채**
피망은 너무 오랫동안 볶으면 씹는 맛이 줄어들고 색이 변하므로 마지막에 넣고 살짝 볶는 것이 좋다. 돼지고기에 전분가루를 입혀 먼저 볶으면 육즙이 빠져나오지 않아서 더 부드럽다.
※ **피망국**
깔끔한 피망 향이 일품인 피망국은 돼지고기가 속까지 익도록 충분히 끓여주는 것이 좋다.

어묵과 배추

어묵배추된장국
어묵 1장, 배추 2장, 파 1cm, 다시마 육수 1과 1/2컵, 멸치 가루 1큰술, 된장 1큰술

배추굴소스볶음
참기름 1작은술, 기름 약간, 배춧잎 5장, 건고추 1/2개, 마늘 1개, 굴소스 1과1/2큰술

어묵배추된장국
01 어묵은 2등분하여 1.5cm 폭으로 자른다. 배추는 반으로 가른 후 1cm 폭으로 썰고 파는 어슷썬다.
02 냄비에 다시마 육수와 멸치가루를 넣은 후 배추줄기 부분을 넣고 약한 불에서 15분 정도 끓인다.
03 배추 줄기 부분이 푹 무르면 배춧잎 부분과 어묵, 된장을 넣고 약한 불에서 10분 정도 뭉근하게 끓인다.
04 맛이 베이면 파를 넣고 한소끔 끓인다.

배추굴소스볶음
01 배춧잎은 1cm 폭으로 자른다. 건고추는 가위로 어슷썰고, 마늘은 편썬다.
   (큰 배춧잎은 반으로 자른 후 1cm 폭으로 자른다.)
02 팬에 참기름을 두르고 건고추와 마늘을 넣어 약한 불에서 3분 정도 볶는다.
03 기름에 고추와 마늘 향이 베이면 배춧잎 줄기를 넣고 중간 불에서 5분 정도 볶는다.
04 숨이 죽으면 굴소스와 배춧잎을 넣고 중간 불에서 재빨리 볶아 낸다.

single's tip
※ **어묵배추된장국**
배추 줄기 부분은 질기므로 처음부터 넣어 부드러워지도록 오랫동안 끓이고, 연한 잎 부분은 마지막에 넣어서 너무 무르지 않도록 끓인다.

※ **배추굴소스볶음**
배추에서 수분이 나오면서 쫄깃한 맛이 남도록 볶는다. 너무 오랫동안 볶으면 질겨지고, 너무 슬쩍 볶으면 풋내가 나면서 단단해진다.

대구전과 단호박

대구단호박탕수
대구전 6조각, 단호박 1/6개, 밀가루 3큰술, 물 3큰술, 튀김용 기름 약간, 양파 1/4개, 당근 4cm, 홍고추·청고추 각 1/2개씩, 다시마 육수 1/2컵, 식초 2큰술, 설탕 1큰술, 조선간장 1작은술, 전분물 1큰술(전분 1/2큰술, 물 1/2큰술)

단호박영양밥
보리쌀 2큰술, 찹쌀 2큰술, 흑미 2큰술, 쌀 2큰술, 단호박 1/6개, 소금 약간

대구단호박탕수
01 대구전은 껍질째 깨끗이 씻고 속을 파낸 단호박은 한입크기로 손질한다.
   대구전은 키친타월에 올려 물기를 제거하고 단호박은 미리 쪄서 반 정도 익혀 준비한다.
02 재료에 밀가루 옷을 입히고 밀가루와 물을 섞은 반죽을 입혀 프라이팬에 기름을 자작하게 넣고 튀긴다.
03 양파와 당근은 먹기 좋은 크기로 깍둑썰고, 고추는 어슷썬다.
04 달궈진 냄비에 기름을 약간 두르고 양파와 당근을 넣어 볶다가 겉면이 노릇해지면 다시마 육수를 넣고 중간불에서 5분 정도 끓인다.
05 채소가 익으면 식초와 설탕, 간장을 넣어 간한다. 전분물을 풀어 걸쭉하게 되도록 약한 불에서 끓인다.
06 먹기 직전에 ②의 튀김 위에 ⑤의 소스를 부어 먹는다.

단호박영양밥
01 잡곡은 모두 미리 불려둔다.
02 단호박은 한입크기로 잘라 준비한다.
03 준비한 잡곡에 잡곡 높이 만큼의 물을 붓고 단호박과 소금을 넣어 밥을 짓는다.

// single's tip
※ 대구단호박탕수
대구전은 키친타월로 물기를 제거하고 밀가루와 튀김 옷을 입혀서 튀겨야 튀김옷이 벗겨지지 않고 바삭하다. 단호박은 튀기는 것만으로는 속까지 익지 않으므로 반 정도 익힌 후에 튀기는 것이 좋다. 튀김요리를 할 땐 깊은 냄비에 재료가 완전히 잠기도록 기름을 넣으면 많은 양의 기름이 소모된다. 집에서 간단한 튀김요리를 할 때는 넓적한 팬에 자작한 정도로 기름을 부은 후 볶듯이 튀기는 것이 좋다.

※ 단호박영양밥
레시피와 달리 어떤 잡곡이든 좋아하는 것을 넣어도 된다. 밥을 지을 땐 소금을 약간 넣고 해야 간이 맞아 좋다.

쇠고기 불고기용과 콩나물 131p

콩나물국
콩나물 40g, 물 1과1/2컵, 조선간장 1/2큰술, 파 2cm, 고추 1/5개, 소금 약간

콩나물조림
콩나물 90g, 물 적당량, 조선간장 1큰술, 조청 1작은술, 고추 1/2개, 통깨 약간

쇠고기불고기
양파 1/3개, 파·당근 5cm, 쇠고기(불고기용) 200g, 다진마늘 1작은술, 조선간장 1작은술, 설탕 1/2작은술, 정종 약간, 후춧가루 약간

콩나물국
01 콩나물을 넣은 냄비에 물을 자작하게 부어 익힌다.
02 콩나물이 익으면 간장으로 간한다.
03 파와 고추는 어슷썰어 넣고 입맛에 맞게 소금으로 간한다.

콩나물조림
01 콩나물은 물을 자작하게 넣고 뚜껑을 덮어 삶는다.
02 콩나물이 익으면 간장을 넣어 간한다.
03 조청, 어슷썬 고추를 넣고 달달 볶아주면서 졸인 뒤 통깨를 뿌려 마무리한다.

쇠고기불고기
01 양파는 채썰고, 파는 어슷썰고, 당근은 납작하게 썬다.
02 쇠고기에 ①과 다진 마늘, 간장, 설탕, 정종, 후춧가루를 넣고 버무려 재운다.
03 재운 쇠고기를 팬에 달달 볶아 낸다.

single's tip

※ **콩나물국**
중간에 뚜껑을 열면 풋내가 나므로 콩나물이 투명하게 변할 때까지 뚜껑을 열지 말거나 처음부터 뚜껑을 덮지 말고 익혀야 한다.

※ **콩나물조림**
약한 불에서 오랫동안 졸이면 콩나물의 부피가 줄어들면서 쫄깃한 식감으로 변한다.

※ **쇠고기불고기**
고기를 볶을 땐 엉겨 붙어있는 고기를 꼼꼼히 떼주어야 고루 잘 익고 부드러워진다.

순두부와 표고버섯 132p

표고버섯장조림
표고버섯 기둥 부분 5개, 들기름 1큰술, 조선간장 1큰술, 물 2큰술, 조청 1큰술

순두부버섯찌개
순두부 1/2봉, 표고버섯 갓 부분 2개, 양파 1/4개, 파 2cm, 들기름 1큰술, 다진 마늘 1큰술, 다시마 육수 1컵, 고춧가루 1/2큰술, 조선간장 1/2큰술

표고버섯장조림
01 표고버섯 기둥은 밑의 딱딱한 부분을 잘라 제거한 후 손으로 가늘게 찢는다.
02 달군 팬에 들기름을 두르고 약한 불에서 노릇하게 볶는다.
03 분량의 간장, 물, 조청을 넣고 약한 불에서 5분 정도 윤기가 나도록 졸인다.

순두부버섯찌개
01 순두부는 체에 밭쳐 간수를 뺀다.
02 표고버섯은 채썰고, 양파도 도톰하게 채썰고 파는 어슷썬다.
03 냄비에 들기름을 두르고 표고버섯, 양파와 다진 마늘을 중간 불에서 3분 정도 볶는다.
04 겉면이 노릇해지면 분량의 다시마 육수와 고춧가루, 간장을 넣는다. 끓기 시작하면 약한 불에서 15분 정도 끓인다.
05 맛이 우러나오고 고춧가루가 풀어지면 순두부를 숟가락으로 떠 넣고 파를 넣어 한소끔 더 끓인다.

single's tip
※ 표고버섯장조림
고기와 비슷한 식감을 가진 표고버섯 기둥을 이용한 요리다. 집에 표고버섯이 많을 때에는 장조림을, 표고버섯이 적을 때에는 냉동실에 넣어서 보관해두었다가 육수를 낼 때에 넣으면 좋다.

※ 순두부버섯찌개
순두부에서 물이 우러나오기 때문에 평소에 넣는 물보다 적은 양을 넣는다.

바지락과 미나리 133p

미나리나물
미나리 70g, 조선간장 1작은술, 참기름 1작은술, 통깨 약간

바지락미나리국
바지락 1/2봉지, 미나리 30g, 홍고추 약간, 소금 약간, 다시마 육수 1과 1/2컵

미나리나물
01 미나리는 깨끗이 씻고 잎 부분은 잘라낸 후 끓는 소금물에 살짝 데친다.
02 데친 미나리는 찬물에 헹군 후 물기를 꼭 짜고 4cm 길이로 자른다.
03 자른 미나리에 간장과 참기름을 넣고 조물조물 무친 후 통깨를 뿌린다.

바지락미나리국
01 바지락은 굵은 소금을 푼 물에 넣고 어두운 곳에서 2시간 이상 충분히 해감시켜 깨끗이 씻는다. 미나리는 4cm 길이로 자르고, 홍고추는 어슷썬다.
02 다시마 육수와 바지락을 넣고 센 불에서 5분 정도 끓인다.
03 바지락이 입을 벌리면서 익으면 미나리와 홍고추를 넣고 한소끔 끓인 후 소금으로 간한다.

single's tip

※ **미나리나물**
향이 좋은 미나리는 살짝만 데쳐서 나물로 만들면 훌륭한 반찬이 된다. 연하고 부드러운 미나리는 데치지 않고 생으로 즐겨도 좋다.

※ **바지락미나리국**
바지락은 어두운 곳에 두어야 빨리 해감된다. 급하다고 대충 사용하지 말고 반드시 충분히 해감해야 나중에 모래가 씹히지 않는다.

비엔나소시지와 토마토

비엔나소시지토마토볶음
토마토 1개, 당근 1/6개, 마늘 1개, 양파 1/4개, 소시지 10개, 칠리소스 2큰술, 기름 약간

토마토샐러드
양파 1/4개, 식초 1큰술, 설탕 1/2큰술, 허브솔트 약간, 토마토 1개

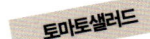

비엔나소시지토마토볶음
01 토마토는 십자로 칼집을 내 끓는 물에 데쳐 껍질을 벗긴 후 깍둑썬다.
02 당근과 마늘은 납작하게 편썰고, 양파는 채썬다. 비엔나소시지는 칼집을 낸다.
03 기름을 두른 팬에 채소와 소시지를 볶다가 채소가 익으면 토마토와 칠리소스를 넣고 골고루 섞는다.

토마토샐러드
01 양파는 곱게 다진 후 분량의 식초, 설탕, 허브솔트에 10분간 재운다.
02 토마토는 먹기 좋은 크기로 썬다.
03 토마토에 재운 양파를 뿌려 낸다.

single's tip
※ **비엔나소시지토마토볶음**
토마토를 너무 오랫동안 데치면 토마토 살이 부서지므로 아주 살짝만 데치도록 한다. 껍질째 사용해도 좋지만 껍질을 벗겨내 조리하면 씹히는 맛이 더 부드럽다.

※ **토마토샐러드**
양파를 곱게 다져서 부드럽게 잘 넘어가도록 한다.

돼지고기 보쌈용과 청경채

동파육
돼지고기(보쌈용) 200g, 대파 뿌리 1개, 양파 1/4개, 건고추 1개, 통마늘 2개, 커피 1작은술, 된장 1큰술, 물 4컵, 조선간장 3큰술, 조청 2큰술

청경채찜
청경채 4개

동파육

청경채찜

동파육
01 돼지고기는 깨끗이 씻어 끓는 물에 한번 데친다.
02 대파 뿌리, 양파, 건고추, 통마늘, 커피, 된장을 넣은 물이 끓기 시작하면 데친 고기를 집어넣는다.
03 약한 불에서 계속 삶아 찔러보아도 핏물이 나오지 않을 때까지 40분가량 삶는다.
04 고기가 모두 삶아지면 대파 뿌리와 양파, 건고추, 통마늘을 꺼내고 간장과 조청을 넣고 약한 불에서 고기를 돌려가면서 맛이 베이도록 조린다. 은박지를 냄비 크기에 맞춰 접은 후 구멍을 뚫어 올려서 국물이 위까지 끓어오르도록 한다.
05 고기에 맛이 베이면 고기를 빼고 남은 양념이 4큰술 정도 남을 때까지 졸여 먹을 때 소스로 끼얹어 먹는다.

청경채찜
01 청경채는 밑둥 부분에 십자 모양으로 칼집을 낸다.
02 뚜껑을 덮고 찐다.
03 동파육 소스에 곁들여 먹는다.

// single's tip

※ **동파육**
동파육에서 쓰고 남은 삶은 고기 50g과 삶은 고기 육수 2컵은 동파육 양념을 하기 전에 꺼내서 청경채돼지고기탕면(135쪽 참조)에 사용한다.

※ **청경채찜**
청경채는 찌지 않고 데쳐도 상관 없다. 데칠 때는 밑둥부터 넣는 것이 포인트다.

낙지와 팽이버섯

낙지볶음과 팽이버섯
낙지 1마리, 밀가루 약간, 팽이버섯 80g, 기름 적당량 [양념장] 다진 파 1큰술, 다진 마늘 1작은술, 고춧가루 1과1/2큰술, 고추장 2작은술, 조청 2작은술, 청주 1큰술

팽이버섯전
팽이버섯 30g, 밀가루 4큰술, 물 4큰술, 조선간장 약간, 기름 약간

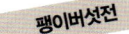

낙지볶음과 팽이버섯
01 낙지는 내장과 먹물을 제거한 뒤 밀가루로 문질러 깨끗이 씻는다.
02 낙지와 팽이버섯은 먹기 좋은 크기로 썬다.
03 다진 파, 다진 마늘, 고춧가루, 고추장, 조청, 청주를 넣고 골고루 섞은 후 미리 [양념장]을 만들어 둔다.
04 [양념장]의 고춧가루가 잘 풀어지도록 낙지를 넣고 조물조물 버무려 기름을 두른 달군 팬에서 센 불로 빠르게 볶는다.
05 낙지볶음과 팽이버섯은 먹기 직전에 골고루 섞어 낸다.

팽이버섯전
01 팽이버섯은 3cm 길이로 썬다.
02 밀가루와 물은 잘 풀어준 후 간장을 조금 부어 간한다.
03 팽이버섯과 밀가루를 골고루 섞은 후 기름을 두른 달군 팬에서 앞뒤로 노릇하게 한입크기로 부친다.

// single's tip
※ **낙지볶음과 팽이버섯**
낙지는 볶기 직전에 버무리는 것이 좋다. 미리 버무려두면 물이 생겨서 맛이 싱거워지기 때문이다.

※ **팽이버섯전**
팽이버섯전의 기름기가 낙지볶음의 매운 맛을 완화시키기 때문에 낙지볶음과 곁들여 먹기 좋다. 파나 양파가 있다면 섞어서 조리해도 괜찮다.

날치알과 숙주 137p

칠리숙주나물
숙주 100g, 칠리소스 3큰술

숙주날치알굴소스볶음밥
당근 1cm, 양파 1/8개, 숙주 20g, 파 4cm, 달걀 1개, 참기름 약간, 밥 1공기, 굴소스 2큰술, 날치알 3큰술

숙주오코노미야키
숙주 50g, 당근 4cm, 양파 1/4개, 파 4cm, 소금·후춧가루 약간, 밀가루 5큰술, 물 5큰술, 기름 약간 [소스] 조선간장 1작은술, 설탕 1작은술, 물 1큰술, 전분물 1작은술, 마요네즈 1큰술

칠리숙주나물
01 숙주는 끓는 물에 아삭하게 데친다.
02 체에 밭쳐 물기를 뺀다.
03 먹기 직전에 칠리소스를 뿌려 골고루 섞어 먹는다.

숙주날치알굴소스볶음밥
01 당근과 양파는 쌀알 크기로 다지고, 숙주와 파는 송송 썬다. 달걀은 스크램블 형태로 볶는다.
02 달군 팬에 참기름을 두르고 당근과 양파를 넣고 볶는다.
03 당근과 양파가 익으면 밥과 굴소스를 넣고 볶는다.
04 밥알이 충분히 볶아지면 숙주와 달걀, 파를 넣고 볶은 후 날치알을 올려 낸다.

숙주오코노미야키
01 숙주는 깨끗이 씻어 물기를 빼고, 당근과 양파, 파는 가늘게 채썬다.
02 숙주와 당근, 양파를 골고루 섞은 후 소금과 후춧가루를 뿌려 밑간한다.
03 밀가루와 물을 잘 섞은 후 숙주, 당근, 양파, 파를 넣고 골고루 섞는다.
04 기름을 두른 팬에 ③의 반죽을 동그랗게 올려 익힌다.
05 간장과 설탕, 물을 넣고 끓이다가 설탕이 녹으면 전분물을 넣고 저어가면서 걸쭉해지도록 만든다.
06 숙주오코노미야키 위에 마요네즈와 ⑤를 지그재그로 뿌린다.

// single's tip

※ **칠리숙주나물**
숙주가 투명하게 변하면 다 데쳐졌다는 뜻이므로 찬물에 헹궈서 아삭한 식감을 돋운다. 왼쪽의 조리예처럼 볶음밥 위에 얹어서 함께 먹으면 더욱 좋다.

※ **숙주날치알굴소스볶음밥**
숙주나물의 아삭함 맛과 매콤한 칠리소스, 날치알의 톡톡 씹히는 식감이 어우러진 볶음밥이다. 따뜻한 밥보다는 찬밥으로 볶아야 밥알 하나 하나에 맛이 배어 좋다.

※ **숙주오코노미야키**
기름을 넉넉하게 두르고 바삭하게 익혀주면 더 좋다.

연두부와 가지

가지튀김
가지 1/3개, 밀가루 4큰술, 물 3큰술, 파 1cm 분량 다진 것, 소금 약간, 튀김용 기름 적당량

연두부탕
파 5cm, 고추 1/2개, 다시마 육수 1과 1/2컵, 고춧가루 1작은술, 조선간장 1작은술, 고추장 1작은술, 다진 마늘 1작은술, 연두부 1/2팩

가지나물
가지 1/3개 [양념장] 조선간장 1/2큰술, 다진 파 1작은술, 다진 마늘 1/2작은술, 설탕 1/2작은술, 참기름 약간, 통깨 약간

가지튀김
01 가지는 동그랗게 0.5cm 두께로 썬다.
02 가지 겉면에 밀가루를 골고루 입힌 후 남은 밀가루와 물, 다진 파, 소금을 넣고 섞어 밀가루 옷을 만들어 입힌다.
03 팬에 기름을 자작하게 붓고 노릇하게 튀긴다.

연두부탕
01 대파와 고추는 어슷썰어 준비한다.
02 냄비에 다시마 육수와 고춧가루, 간장, 고추장, 다진 마늘을 넣고 약한 불에서 10분 정도 고춧가루가 풀어질 때까지 끓인다. 이때 끓는 중에 생기는 불순물은 걷어낸다.
03 연두부와 고추, 파를 넣고 한소끔 더 끓인다.

가지나물
01 가지는 반달 모양으로 썬 후 찜통에 넣고 찐다.
02 가지가 부드럽게 쪄지면 분량의 [양념장]을 골고루 섞어 조물조물 무친다.

// single's tip
※ **가지튀김**
기름을 많이 넣지 않고 자작하게 부어 프라이를 하듯 튀긴다.
※ **연두부탕**
고춧가루와 고추장을 빼고 간장으로 간을 하여 끓이면 깔끔한 맛의 맑은 탕을 즐길 수 있다.

꽁치와 도라지

도라지나물
도라지 40g, 들기름 2큰술, 물 4큰술, 다진 파 1/2큰술, 통깨 약간

꽁치양념구이
꽁치 1마리, 다진 고추 1작은술
[양념장] 다진 마늘 1작은술, 다진 파 1/2큰술, 된장 1큰술, 조청 1작은술, 정종 1큰술

도라지나물
01 도라지는 소금물로 빨 듯이 주물러 쓴맛을 뺀다.
02 들기름을 두른 팬에 도라지를 살짝 볶다가 투명해지기 시작하면 물을 4큰술을 넣고 뚜껑을 덮어 익힌다.
03 도라지가 부들부들해지면 다진 파와 통깨를 넣고 볶는다.

꽁치양념구이
01 꽁치는 내장을 제거한 후 깨끗이 씻고 칼집을 낸다.
02 분량의 [양념장]을 고루 섞어 꽁치에 골고루 바르고 내장이 있던 부위에도 [양념장]을 넣어준 후 30분간 재운다.
03 앞뒤로 종이호일을 깐 팬에서 노릇하게 구워 다진 고추를 뿌려 낸다.

// single's tip
※ **도라지나물**
뚜껑을 덮고 찌듯이 익히면 더 부드라운 도라지 나물을 맛볼 수 있다.
※ **꽁치양념구이**
양념을 미리 했으므로 타지 않도록 아주 약한 불에서 굽는다. 뚜껑을 덮어주면 속까지 더 빠르게 익는다.

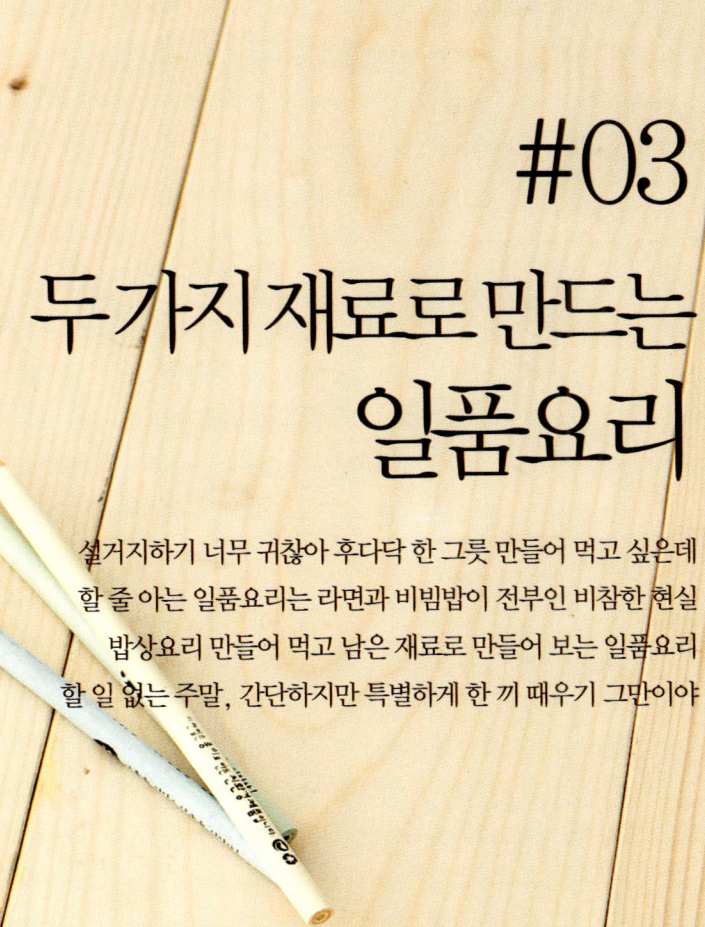

#03
두가지 재료로 만드는
일품요리

설거지하기 너무 귀찮아 후다닥 한 그릇 만들어 먹고 싶은데
할 줄 아는 일품요리는 라면과 비빔밥이 전부인 비참한 현실
밥상요리 만들어 먹고 남은 재료로 만들어 보는 일품요리
할 일 없는 주말, 간단하지만 특별하게 한 끼 때우기 그만이야

찹쌀오징어순대조림 42p

재료 오징어(몸통부분) 1마리, 찹쌀 6큰술, 물 적당량, 파 1/2개 [양념장] 조선간장 2큰술, 설탕 1큰술, 정종 1큰술

01 오징어는 내장을 제거하고 깨끗이 씻는다.
02 하룻밤 불린 찹쌀로 고슬고슬하게 밥을 짓는다.
03 오징어 안에 찹쌀밥을 넣고 이쑤시개로 고정한다.
04 오징어가 충분히 잠기도록 물을 넣고 끓인다. 오징어가 익으면 송송 썬 파와 분량의 [양념장]을 넣는다. 오징어에 맛이 베이도록 뒤집어가면서 중간 불에서 졸인다.

// single's tip
찹쌀오징어순대조림은 보통 오징어순대와 달리 반건조 오징어처럼 결이 생겨 쫄깃한 식감이 일품이다. 큰 오징어보다는 작은 오징어로 만드는 것이 더 연해서 좋다.

닭안심살시금치파스타

재료 닭안심살 3조각, 허브솔트 약간, 시금치 2포기, 양파 1/4개, 마늘 1개, 건고추 1개, 파스타 70g, 올리브유 2큰술, 정종 2큰술

01 닭안심살은 허브솔트를 약간 뿌려 재운다. 시금치는 깨끗이 씻어 낱낱이 뗀다.
02 양파는 도톰하게 채썰고, 마늘은 편썰고, 건고추는 어슷 썬다.
03 파스타는 끓는 소금물에 봉지에 적힌 분량대로 삶는다. 이때 파스타 삶은 물은 1/4컵 정도 남겨둔다.
04 달군 팬에 올리브유를 두르고 약한 불에서 건고추와 마늘을 넣어 향을 뺀다.
05 양파를 넣고 볶다가 투명해지면 닭안심살과 정종을 넣는다. 뚜껑을 덮고 속까지 익힌다.
06 시금치와 파스타, 파스타 삶은 물을 넣고 맛이 베이도록 골고루 볶은 후 허브솔트로 간한다.

> **single's tip**
> 닭안심살은 잘못 익히면 퍽퍽해서 먹기 힘들다. 조리를 할 때 정종을 넣고 뚜껑을 덮어 익혀야 속까지 촉촉하게 익고 비린내도 제거된다.

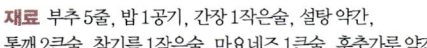

부추오니기리 46p

재료 부추 5줄, 밥 1공기, 간장 1작은술, 설탕 약간, 통깨 2큰술, 참기름 1작은술, 마요네즈 1큰술, 후춧가루 약간

01 부추는 깨끗이 씻은 후 송송 썰어 밥, 간장, 설탕, 통깨 1큰술, 참기름과 함께 골고루 섞는다.
02 양념한 밥은 주먹밥 틀에 넣어 삼각 모양을 만든다.
03 한쪽 면에 마요네즈를 바르고 남은 통깨 1큰술을 묻힌다.

single's tip
부추를 썰 때는 톱질하듯이 썰어야 부추에서 풋내가 나지 않는다.

참치파프리카밥전

재료 파프리카(빨강, 노랑, 주황) 각 1/4개씩, 양파 1/4개, 파 4cm, 참치 1/2캔, 밥 3/4공기, 달걀 2개, 밀가루 2큰술, 소금 1/4작은술, 후춧가루 약간, 부침용 기름 약간

01 파프리카와 양파, 파는 밥알 크기로 다진다. 참치는 체에 밭쳐 기름을 빼고 뜨거운 물에 헹군다.
02 분량의 다진 채소와 참치, 밥, 달걀, 밀가루를 골고루 섞고 소금과 후춧가루로 밑간한다.
03 달군 프라이팬에 기름을 두르고 한입크기로 부쳐 낸다.

single's tip
밀가루 양은 농도를 조절하고 재료끼리 서로 잘 붙어 있을 정도로 넣으면 된다. 달걀을 많이 넣어 촉촉한 느낌이 나는 전을 만들면 부드러워 먹기 좋다.

쇠고기우엉잡채밥 50p

재료 밥 1공기, 마늘 1/2개, 파 5cm, 양파 1/6개, 우엉 15cm, 쇠고기(잡채용) 100g, 당면 15g, 기름 약간, 간장 1큰술, 물 1컵, 설탕 1/2작은술, 참기름 1작은술, 통깨 약간 [쇠고기양념] 조선간장 1작은술, 설탕 1/2작은술, 다진 파 1작은술, 다진 마늘 1/2작은술, 후춧가루 약간

01 마늘은 다지고 파는 반으로 갈라 어슷썬다. 양파는 도톰하게, 우엉은 가늘게 채썬다.
02 쇠고기는 [쇠고기양념]으로 밑간한다. 당면은 따뜻한 물에 불려놓는다.
03 기름을 두른 팬에 마늘, 양파와 우엉을 넣고 달달 볶는다.
04 우엉이 반 정도 익으면 ②와 당면, 물, 간장, 설탕을 넣고 뚜껑을 덮어 부드럽게 익힌다.
05 모두 익으면 뚜껑을 열고 파와 참기름, 통깨를 넣어 골고루 버무려 밥 위에 얹어 낸다.

single's tip
우엉이 당면과 어우러져 부드럽게 씹히도록 최대한 가늘게 채써는 것이 좋다.

베이컨마늘종볶음파스타

재료 스파게티 70g, 베이컨 2줄, 마늘종 5개, 양파 1/4개, 마늘 3개, 올리브오일 1큰술, 허브솔트 약간

01 스파게티는 봉지에 적힌 시간대로 삶는다. 스파게티 삶은 물은 1/2컵 정도 남겨둔다.
02 베이컨은 1cm 폭, 마늘종은 4cm 길이로 자른다. 양파는 도톰하게 채썰고, 마늘은 편썬다.
03 팬에 올리브오일을 두르고 마늘과 베이컨을 넣는다.
04 약한 불에서 볶다가 마늘향이 베어나면 마늘종과 양파를 넣고 볶는다.
05 양파가 투명해지고 마늘종이 파랗게 익으면 스파게티와 삶은 물을 넣고 버무린다.
06 면에 맛이 베이면 허브솔트로 간한 후 그릇에 담는다.

// single's tip
마늘종의 매콤한 맛이 베이컨의 느끼함을 잡아준다.

더덕밥

재료 더덕 1개, 쌀 1/3컵, 다시마 육수 적당량, 두부(210g) 1/3모, 국간장 1/2작은술 [양념장] 국간장 약간, 다진 청·홍고추 1작은술, 통깨 약간

01 더덕은 껍질을 벗긴다.
02 껍질을 벗긴 더덕은 깍둑썰고 쌀은 씻어 불린다.
03 ①을 냄비에 넣고 쌀 높이로 다시마 육수를 부어 밥을 짓는다.
04 물기를 뺀 두부는 마른 팬에 간장과 함께 넣고 고슬고슬하게 볶는다.
05 양념장을 곁들인다.

single's tip
두부를 고슬고슬하게 볶으면 다진 고기와 같은 맛을 느낄 수 있다. [양념장]은 간장을 조금만 넣어서 간장에 고추를 버무리는 느낌으로 만드는 것이 좋다.

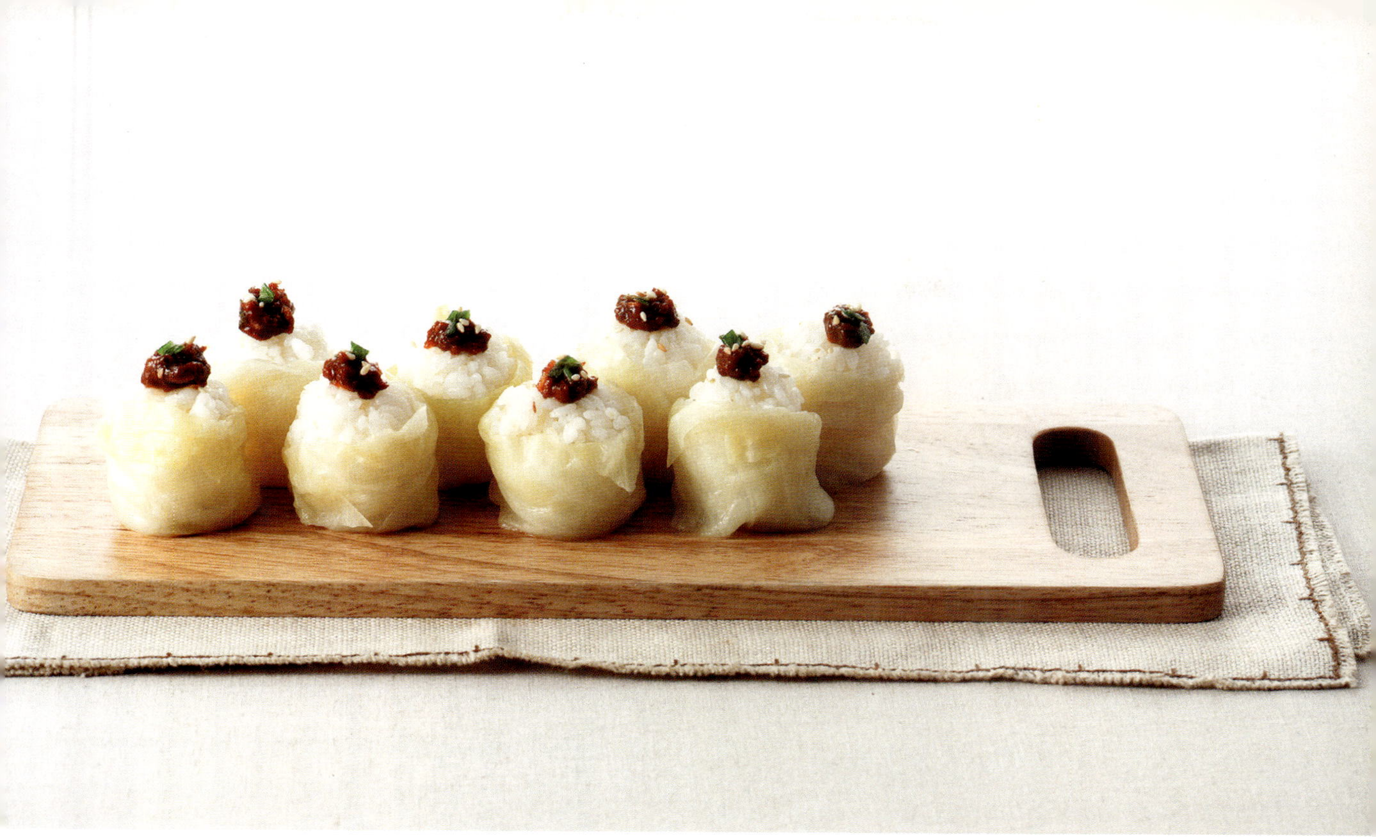

양배추쌈밥 56p

재료 양배추 잎 4장, 밥 1공기 [쌈장] 된장 1큰술, 고추장 1큰술, 다진 청·홍고추 1작은술씩, 다진 양파 1작은술, 견과류 조금, 조청 약간

01

02

03

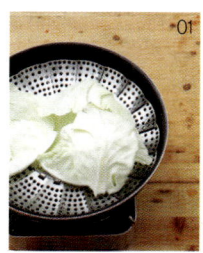

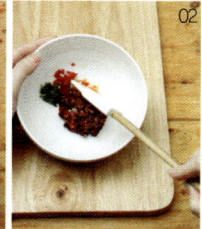

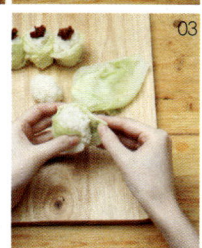

01 양배추 잎은 찜통에 넣고 찐 후 반으로 자른다.
02 [쌈장] 재료를 골고루 섞는다.
03 양배추로 밥을 감싸고 [쌈장]을 올린다.

single's tip

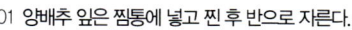

견과류를 넣으면 씹는 재미가 있고 고소한 맛이 일품인 쌈장을 만들 수 있다.

돼지고기쑥갓덮밥 58p

재료 돼지고기(불고기용) 100g, 청주 1큰술, 다진 마늘 1작은술, 쑥갓 50g, 다시마 육수 1/2컵, 고추장 2/3큰술, 고춧가루 1/3큰술, 조청 1/3큰술, 전분물 1큰술(전분가루 1/2큰술, 물 1/2큰술), 밥 1공기

01 돼지고기는 정종과 다진 마늘로 재운다. 쑥갓은 4cm 길이로 자른다.
02 팬에 고기를 넣고 볶는다. 반 정도 익으면 다시마 육수와 고추장, 고춧가루, 조청을 넣고 끓인다.
03 고기가 익으면 전분물을 고루 풀어 농도를 조절한다.
04 밥 위에 쑥갓과 고기를 올려 먹는다.

// single's tip
쑥갓의 향이 고기의 잡내를 잡아준다. 전분물을 빼고 조리하면 촉촉한 돼지고기쑥갓덮밥을 맛볼 수 있다.

와사비크래미양상추롤

재료 크래미 2개, 양상추 3잎, 고추냉이 1/2큰술, 마요네즈 1큰술, 설탕 1/2작은술, 소금 1/4작은술, 후춧가루 1/4작은술, 밥 1과1/2공기, 식초 2작은술, 소금 약간, 설탕 1작은술, 통깨 1큰술, 김밥용 김 1장

01 크래미는 반으로 자른다. 깨끗이 씻어 물기를 뺀 양상추는 가늘게 채썬다.
02 분량의 고추냉이, 마요네즈, 설탕, 소금, 후춧가루를 골고루 섞는다.
03 밥에 식초, 소금, 설탕, 깨를 넣고 골고루 섞는다.
04 김발 위에 김을 놓고 그 위에 밥을 깐 후 비닐을 덮는다.
05 그대로 뒤집어 미리 만든 ②를 1/3 지점에 길게 바른다.
06 양상추와 크래미를 올려 말아서 먹기 좋은 크기로 썬다.

single's tip
크래미를 잘게 찢어 양념에 버무려 먹어도 좋다. 마요네즈 대신에 크림치즈를 넣으면 더욱 고소하다.

삼치카레파스타

재료 파스타 70g, 돼지호박 1/3개, 양파 1/2개, 마늘 1개, 삼치 1/2마리, 밀가루 1큰술, 카레가루 2큰술, 올리브오일 3큰술

01 파스타는 봉지에 적힌 시간대로 삶고 삶은 물은 1/2컵 정도 남긴다.
02 돼지호박은 반으로 잘라 어슷썰고 양파는 채썰고, 마늘은 편썬다. 삼치는 한입크기로 썰어서 밀가루 1큰술과 카레가루 1큰술을 섞어 골고루 묻힌다.
03 올리브오일 1큰술을 두른 팬에 삼치를 앞뒤로 노릇하게 익혀 낸다.
04 ③의 팬에 올리브오일 2큰술을 두르고 약한 불에서 양파와 마늘을 넣어 5분 정도 볶는다.
05 양파가 투명해지면 약한 불에서 돼지호박과 카레가루 1큰술을 넣고 골고루 볶는다.
06 돼지호박이 반 정도 익으면 파스타 삶은 물을 넣고 맛이 베이도록 끓인다.
07 한소끔 끓으면 파스타를 넣고 골고루 섞어 그릇에 담아 삼치를 올린다.

single's tip
카레에 간이 되어 있기 때문에 따로 간을 하지 않아도 된다.

닭다리살간장덮밥

재료 닭다리살 2개, 밥 1공기, 정종 3큰술, 양파 1/8개, 파 5cm, 아스파라거스 2개, 기름 약간, 조선간장 1큰술, 설탕 1/2큰술, 다시마 육수 1컵, 달걀 1개

01 양파는 도톰하게 채썰고 파는 어슷썬다. 손질한 아스파라거스는 4cm 길이로 썬다.
02 닭다리살은 한입크기로 잘라 정종 1큰술을 뿌려 재운다.
03 팬에 기름을 두르고 약한 불에서 양파를 볶는다. 투명해지면 중간 불에서 닭다리살을 넣고 볶는다.
04 닭다리살이 반 정도 익으면 분량의 간장, 정종 2큰술, 설탕, 다시마 육수, 아스파라거스를 넣고 끓인다.
05 닭다리살이 다 익으면 약한 불에서 파와 곱게 푼 달걀물을 넣는다. 달걀이 반숙으로 익으면 밥 위에 얹어낸다.

// single's tip
잘 푼 달걀은 약한 불에서 원을 그리며 넣는다. 뚜껑을 덮어서 몽글몽글하게 덩어리지면 반숙으로 익은 것이다.

새우양송이크림파스타 66p

재료 양송이버섯 2개, 마늘 2개, 양파 1/8개, 파 5cm, 스파게티 70g, 올리브유 3큰술, 밀가루 1큰술, 칵테일 새우 6마리, 우유 1컵, 허브솔트 약간

01 양송이버섯은 통째 썰고, 마늘은 편썬다. 양파와 파는 채 썬다.
02 스파게티는 봉지에 적힌 시간대로 삶고 스파게티 삶은 물은 1/4컵 정도 남긴다.
03 달군 팬에 올리브유 1큰술을 두르고 마늘과 양파, 버섯을 넣어 볶는다.
04 채소가 노릇해지면 올리브유 2큰술을 두르고 밀가루 옷을 입힌 칵테일 새우를 넣어 볶는다.
05 새우 겉면이 모두 익으면 파스타 삶은 물과 우유를 넣고 끓인다. 허브솔트로 간하고, 면과 파를 넣어 골고루 버무린다.

single's tip
칵테일 새우에 밀가루 옷을 입혀서 볶으면 새우의 육즙이 새어 나오지 않아 맛이 더 살아나고 소스도 농도가 진해진다.
우유만 넣는 대신 우유와 생크림을 2 : 1의 비율로 넣으면 더 깊은 맛이 난다. 버터와 밀가루를 2 : 1로 볶아 만든 것을 '루'라고 하는데, '루'를 마지막에 넣고 골고루 섞어주면 농도가 진해지면서 깊은 맛이 난다. 농도가 변하면 전분물을 넣어서 조절할 수 있다.

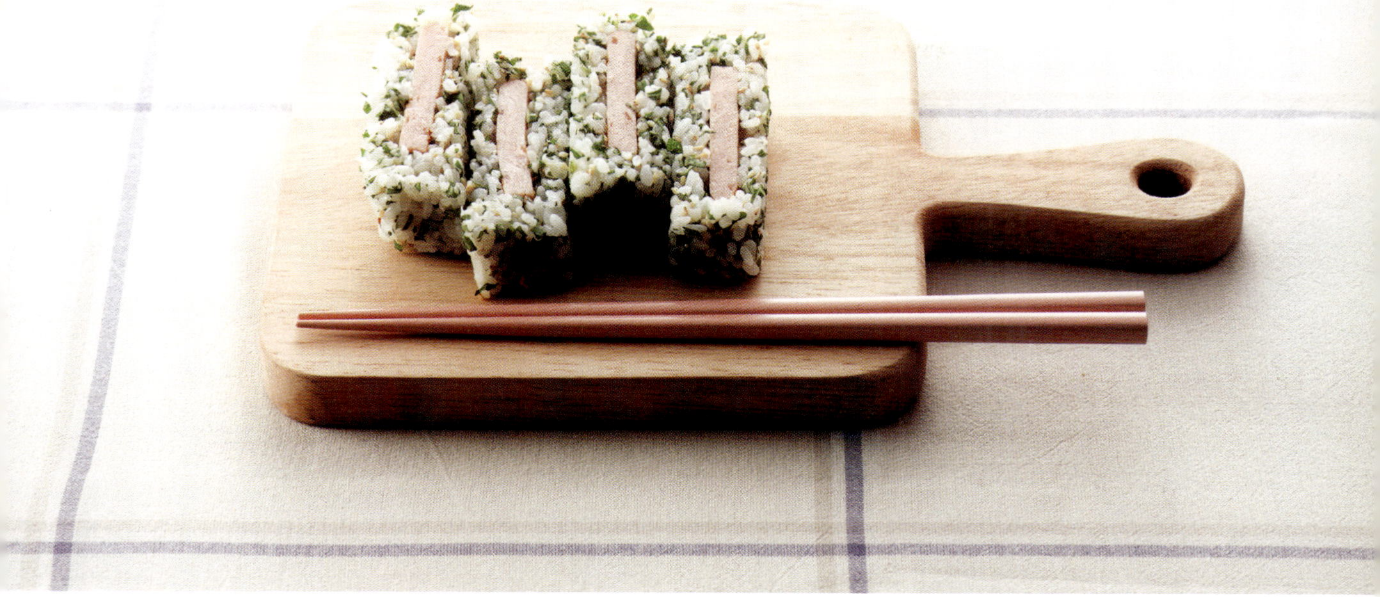

스팸깻잎주먹밥 68p

재료 스팸 싱글 1개, 깻잎 8장, 통깨 약간, 밥 1과 1/3공기, 참기름 약간

01 스팸은 반으로 잘라 마른 팬에 굽는다.
02 깻잎은 세로로 칼집을 낸 뒤 돌돌 말아 썬다. 밥은 통깨와 참기름을 넣고 버무린다.
03 비닐을 깐 뒤 ①의 스팸보다 조금 넓은 면적으로 2의 밥을 깐다. 스팸을 올리고 다시 스팸 두께 정도의 밥을 올린다.
04 비닐을 접어 네모반듯한 모양이 되도록 누른다.
05 먹기 좋은 크기로 썬다.

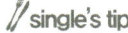

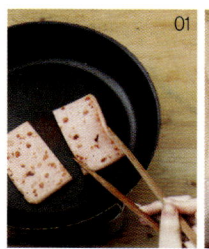

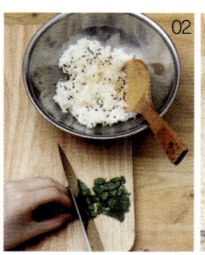

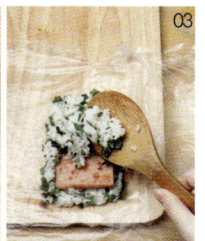

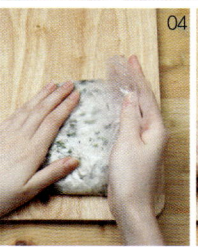

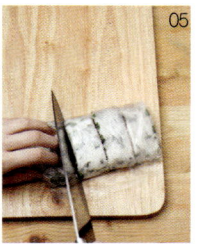

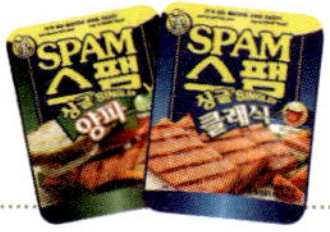

single's tip
싱글을 겨냥해 나온 시중의 제품을 활용하면 재료를 남기거나 장을 보면서 과소비할 일이 없어 좋다.

무밥 70p

재료 무 2cm, 불린 쌀 1/3컵, 다시마 육수 적당량, 무생채(171쪽 참조)

01 무는 1 x 1cm 크기로 깍둑썬다. 쌀은 깨끗이 씻어 불린다.
02 불린 쌀과 무, 다시마 육수를 밥 높이만큼 넣고 고슬고슬하게 밥을 짓는다.
03 무생채를 1cm 길이로 잘게 썰어 밥과 함께 비벼 먹는다.

single's tip
담백한 무밥과 새콤, 달콤, 매콤한 무생채가 잘 어우러진 요리다.

굴밥

재료 굴 1/2봉지, 쌀 1/3공기, 다시마 육수 적당량

01 깨끗한 물에 굴을 씻는다.
02 깨끗하게 씻어 불린 쌀과 다시마 육수를 넣고 밥을 지은 후 굴을 올린다.
03 밥물이 끓다가 잦아들면 뚜껑을 덮고 뜸을 들인다.

// single's tip
뜸을 들일 때 굴이 불투명한 색을 띠며 수축하면 다 익은 것이므로 먹어도 좋다.

쇠고기 양념장을 곁들인 미역밥 74p

재료 참기름 1큰술, 자른 미역 1/2큰술, 쌀 1/3컵, 물 적당량, 쇠고기(구이용) 30g, 고추장 1큰술, 조청 1/2작은술, 참기름 약간

01 쌀은 씻어서 불린다. 미역은 물에 담가 불려 놓는다.
02 참기름을 두른 냄비에 불린 미역을 달달 볶는다.
03 미역이 푸르게 변하면 불린 쌀을 넣고 볶는다.
04 쌀 높이만큼 물을 부은 후 뚜껑을 덮어 밥을 짓는다.
05 쇠고기를 길게 썰어 달궈진 마른 팬에 볶는다.
06 고기 겉면이 익으면 고추장과 조청, 참기름을 넣고 달달 볶아 ④의 미역밥과 곁들여 먹는다.

single's tip
참기름 대신 들기름을 넣어도 변함 없는 고소함을 맛볼 수 있다.

느타리유부국수

재료 소면 70g, 느타리버섯 5개, 유부 3장, 양파 1/4개, 파 5cm, 마늘 1개, 멸치와 다시마를 우려낸 육수 2컵, 국간장 1큰술, 소금·후춧가루 약간

01 소면은 소금을 넣은 끓는 물에 삶는다. 건져내 찬물에 여러 번 헹궈 전분기를 없애고 물기를 빼놓는다.
02 유부는 끓는 물에 삶은 뒤 손으로 짜서 물기를 뺀다.
03 느타리버섯은 손으로 가닥가닥 찢는다. 유부와 양파는 도톰하게 채썬다. 파는 어슷썰고 마늘은 곱게 다진다.
04 냄비에 멸치 다시마 육수와 양파, 다진 마늘을 넣고 약한 불에서 10분 정도 끓인다.
05 양파가 익으면 느타리버섯과 유부, 파를 넣고 한소끔 더 끓인다.
06 간장으로 간을 하고 소면을 넣는다. 소금, 후추로 입맛에 맞게 간한다.

single's tip
소면은 소금을 넣은 물에 끓여야 간이 베서 육수와 잘 어우러진다. 삶은 소면은 맑은 물이 나올 때까지 찬물에 깨끗이 헹궈야 끈적이지 않으면서 쫄깃하고 부드러워진다.

닭가슴살브로콜리샌드위치 78p

재료 닭가슴살 1개, 허브솔트 약간, 포도씨유 약간, 브로콜리 4송이, 머스터드 1큰술, 마요네즈 3큰술, 다진 양파 1큰술, 설탕, 후춧가루, 식빵 2장

01 닭가슴살은 반으로 포를 뜬다. 허브솔트를 뿌려 밑간하고 기름을 두른 팬에 앞뒤로 노릇하게 굽는다.
02 브로콜리는 납작하게 썰어 끓는 소금물에 데친다.
03 분량의 머스터드, 마요네즈 2큰술, 다진 양파, 설탕, 후춧가루를 넣고 가볍게 섞는다.
04 마른 팬에 식빵을 넣고 약한 불에서 굽는다.
05 마요네즈를 바르고 닭가슴살과 브로콜리를 넣는다. 마요네즈를 바른 빵으로 덮어 먹기 좋은 크기로 썬다.

single's tip

브로콜리를 소금물에 데치면 색도 보기 좋고 밑간이 되어 소스와 브로콜리가 서로 겉도는 것을 방지할 수 있다. 양파의 알싸한 향이 싫다면 다진 양파를 물에 10분 정도 담가두었다가 물기를 꼭 짜고 사용하면 좋다.

주꾸미볶음덮밥 80p

재료 주꾸미 2마리, 밥 1공기, 애호박 1/4개, 당근 2cm, 양파 1/4개, 파 3cm, 참기름 약간, 통깨 약간 [양념장] 다진 마늘 1큰술, 고추장 1큰술, 고춧가루 2작은술, 조청 1/2큰술, 청주 1큰술

01 주꾸미는 머릿속에 먹물과 내장을, 다리 쪽에 이빨을 제거한다. 밀가루로 문질러 깨끗한 물이 나올 때까지 빨듯이 씻고 먹기 좋은 크기로 썬다(81쪽 참조).
02 애호박과 당근은 반달썰고, 양파는 도톰하게 채썰고, 파는 어슷썬다.
03 팬에 기름을 두르고 양파와 당근을 넣고 볶는다.
04 익기 시작하면 애호박과 [양념장] 재료를 넣고 볶는다.
05 애호박이 익으면 주꾸미를 넣고 양념이 배이도록 고루 볶는다. 참기름과 통깨, 파를 골고루 섞어 밥과 함께 낸다.

// single's tip
너무 오랫동안 볶으면 채소에서 수분이 빠져나오면서 질척해지고 물러지므로 주의한다.

돼지고기떡볶이 82p

재료 돼지고기(잡채용) 60g, 피망 1/2개, 양파 1/4개, 당근 2cm, 파 1cm, 다진 마늘 1작은술, 떡볶이 떡 100g, 고추장 1큰술, 고춧가루 1작은술, 조청 2작은술, 청주 1작은술, 다시마 육수 1컵, 후춧가루 약간

01 돼지고기와 피망, 당근, 양파는 모두 먹기 좋은 크기로 썬다. 돼지고기는 분량의 정종과 후춧가루로 재운다.
02 떡볶이 떡은 미리 찬물에 불려두고, 파는 곱게 다진 후 다진 마늘, 고추장과 고춧가루, 조청을 골고루 섞어 양념장을 만든다.
03 팬에 기름을 약간 두른 후 양파, 당근을 넣고 약한 불에서 5분 정도 볶는다.
04 양파가 투명해지면 고기를 넣고 센 불에서 겉면을 익힌다. 분량의 다시마와 물, 양념장을 풀고 떡볶이 떡을 넣어 약한 불에서 15분 정도 은근하게 끓인다.
05 떡이 부드러워지고 맛이 베이면 피망을 넣고 한소끔 끓여 낸다.

// single's tip
피망은 마지막에 넣어야 향이 골고루 퍼지고 색이 누래지지 않으며 아삭하게 씹히는 식감을 유지할 수 있다. 돼지고기는 기름기가 적은 안심 부위가 적당하다. 채 썬 잡채용 고기도 괜찮다.

배추볶음쌈장과 어묵구이

재료 배춧잎 2장, 참기름 1작은술, 고추장 1과1/2큰술, 된장 1/2큰술, 통깨 약간, 어묵 2장, 배추속잎 10장

01 배춧잎은 반으로 잘라 0.5cm 폭으로 채썰어 참기름을 두른 팬에서 볶는다.
02 숨이 죽으면 고추장과 된장, 통깨를 넣고 골고루 볶는다.
03 어묵은 끓는 물에 3분 정도 데쳐 기름기를 뺀다.
04 마른 팬에서 노릇하게 굽는다.
05 어묵을 먹기 좋은 크기로 썰어 ②와 함께 배춧잎에 쌈을 싸 먹는다.

// single's tip
어묵을 구울 땐 굽기 전 끓는 물에 데쳐 기름기를 빼야 담백하다. 배춧잎은 안쪽에 잎을 사용해야 연하고 달달하면서 고소하다.

단호박크림파스타 86p

재료 스파게티 70g, 단호박 1/8개, 양파 1/4개, 파 5cm, 대구전 6개, 허브솔트 약간, 밀가루 약간, 올리브오일 약간, 우유 1컵

01 스파게티는 봉지에 적힌 시간대로 소금물에 넣어 삶는다. 삶은 물은 1컵 정도 남겨 둔다.
02 단호박은 껍질을 벗겨 한입크기로 썬다. 양파는 도톰하게 채썰고, 파는 어슷썬다.
03 대구전은 키친타월에 올려 수분을 제거한 후 허브솔트를 뿌리고 겉면에 밀가루 옷을 한번 입힌다.
04 팬을 달궈 올리브오일을 두른 후 밀가루 옷을 입힌 대구전을 앞뒤로 노릇하게 굽는다.
05 대구전을 익힌 팬에 약한 불에서 양파와 단호박을 넣고 5분 정도 볶다가 양파가 노릇해지면 파스타 삶은 물을 넣고 단호박이 익을 때까지 끓인다.
06 단호박이 익으면 우유를 넣고 한소끔 끓인 후 삶은 스파게티와 파, 대구전을 넣고 한번 더 골고루 섞은 후 허브솔트로 간한다.

// single's tip
파스타를 삶은 물로 단호박을 삶으면 농도도 짙어지고 단호박의 단맛이 우러나와 더욱 고소하다.

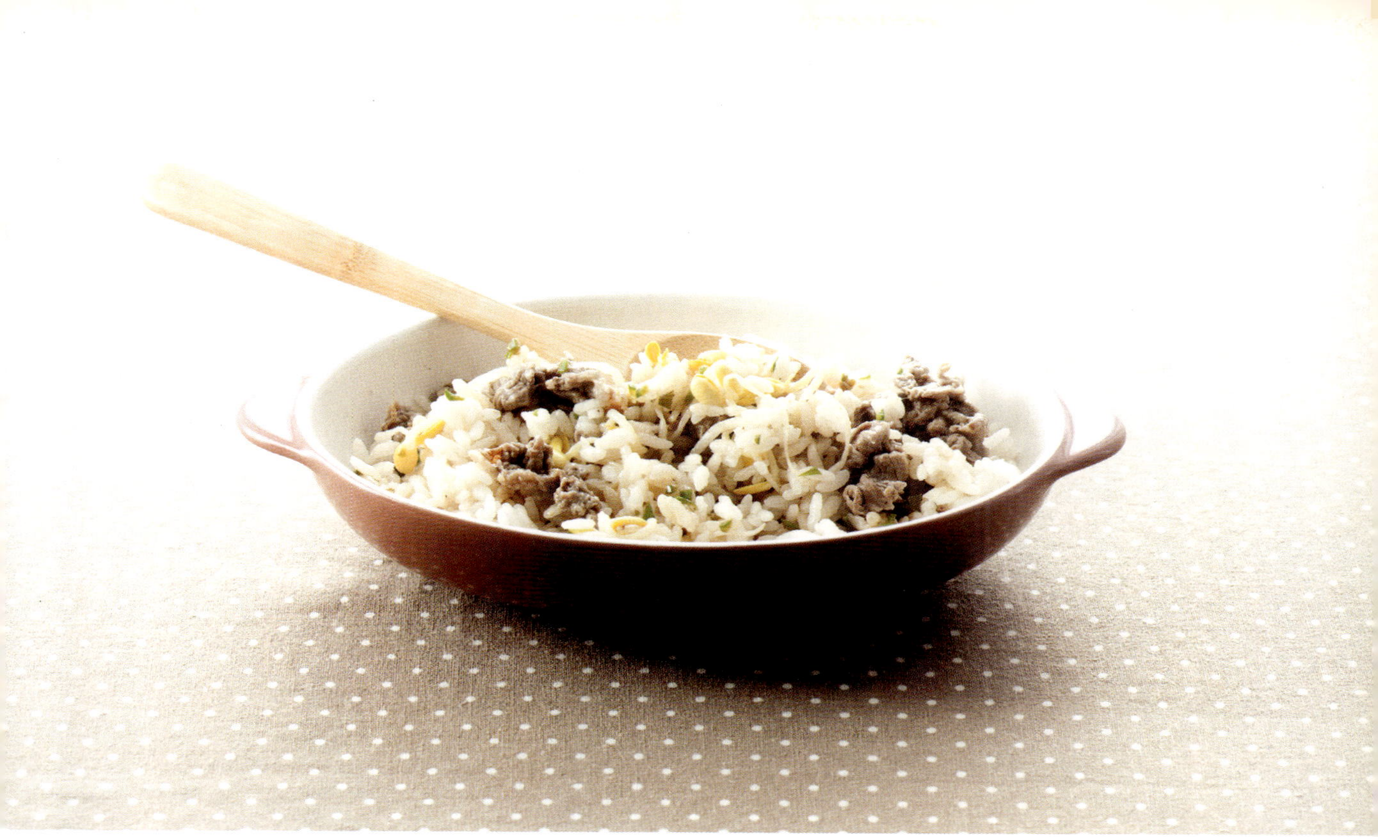

콩나물밥 88p

재료 콩나물 40g, 쇠고기 50g, 간장 1작은술, 설탕 1/2작은술, 정종 약간, 후춧가루 약간, 쌀 1/3컵, 물 [양념장] 조선간장 1작은술, 다진 고추 1큰술, 통깨 약간, 참기름 약간

01

02

03

01 쇠고기는 간장, 설탕, 정종, 후춧가루로 밑간한다. 쌀은 씻어서 불린다.
02 냄비에 쌀을 넣고 그 위에 콩나물을 올린다.
03 불고기를 잘 펼쳐 올린다.
04 물을 쌀 높이보다 조금 낮게 붓고 뚜껑을 덮어 밥을 짓는다.
05 [양념장]을 섞어 곁들인다.

single's tip

콩나물밥을 할 땐 자체에서 수분이 나오므로 다른 채소 밥을 할 때보다 적게 물 양을 잡는다.

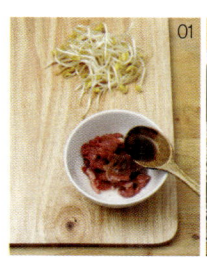

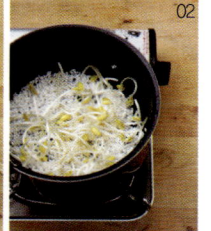

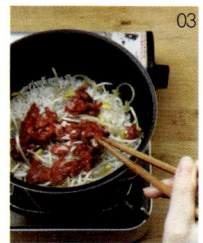

양념순두부를 올린 표고구이덮밥

재료 생표고 갓 부분 3개, 조선간장 1큰술, 물 1큰술, 들기름 1큰술, 순두부 1/2팩 [양념장] 다진 파 1큰술, 다진 마늘 1작은술, 고춧가루 1작은술, 간장 2작은술, 물 1큰술, 설탕 약간, 통깨 약간

01 표고버섯 갓은 반으로 포를 뜬다.
02 분량의 간장과 물, 들기름에 넣고 밑간해서 마른 팬에 앞뒤로 노릇하게 굽는다.
03 순두부는 체에 밭쳐 간수를 뺀다.
04 다진 파, 다진 마늘, 고춧가루, 간장, 물, 설탕, 통깨를 골고루 섞어 [양념장]을 만든다.
05 밥 위에 표고버섯과 순두부를 올리고 [양념장]을 고루 끼얹어 먹는다.

single's tip
표고버섯을 앞뒤로 노릇하게 익히면 쫄깃한 질감과 은근한 버섯 향을 즐길 수 있다. 이때 약한 불에서 충분히 노릇하게 익혀주는 것이 중요하다.

봉골레스파게티

재료 바지락(또는 모시조개) 1/2봉지, 미나리 30g, 건고추 1개, 마늘 3개, 스파게티 70g, 올리브오일 2큰술, 정종 1/4컵, 허브솔트 약간

01 굵은 소금을 풀은 물에 바지락을 넣고 어두운 곳에서 충분히 2시간 이상 해감하여 깨끗이 씻는다. 미나리는 4cm 길이로 자르고, 건고추는 어슷하게 가위로 자른다. 마늘은 편썰기한다.
02 스파게티는 소금을 넣은 끓는 물에 봉지에 적혀 있는 시간대로 삶은 후 체에 걸러두고 삶은 물은 1/2컵 정도 남겨 둔다.
03 달군 팬에 올리브오일을 두르고 건고추와 마늘을 넣는다. 중간 불에서 노릇하게 볶아가며 향을 낸다.
04 기름에 마늘 향이 배이면 바지락과 정종을 넣고 센 불에서 바지락이 입을 벌릴 때까지 볶는다.
05 바지락이 입을 벌리고 익으면 스파게티와 미나리를 넣고 볶는다. 뻑뻑하면 파스타 삶은 물을 조금씩 붓는다.
06 허브솔트를 뿌려 간한다.

single's tip
파스타에는 화이트 와인 대신 향이 좋은 정종을 사용하면 좋다. 미나리는 향만 배어나도록 마지막에 살짝만 볶는다. 바지락 대신 모시조개를 사용해도 좋다. 미나리는 잎과 줄기 모두 사용한다.

비엔나소시지토마토리조또

재료 토마토 2개, 양파 1/4개, 당근 2cm, 감자 1/4개, 마늘 1/2개, 파 약간, 소시지 8개, 쌀 1/4컵, 다시마 육수 1컵

01 토마토는 십자로 칼집을 내서 끓는 물에 데친다.
02 데친 토마토는 껍질을 벗겨 씨를 발라내고 잘게 다진다.
03 양파, 당근, 감자, 마늘, 파를 다진다. 소시지는 4등분한다.
04 팬에 기름을 두르고 채소와 소시지를 넣고 볶는다.
05 채소가 투명해지면 불린 쌀을 넣어 볶는다.
06 쌀이 투명해지면 약한 불에서 다시마 육수를 넣는다. 눋지 않게 젓다가 뚜껑을 닫고 끓인다.
07 밥알이 퍼지면 토마토를 넣고 골고루 섞고 허브솔트로 간한다.

// single's tip
진한 토마토 맛을 느끼고 싶을 때에는 토마토만 따로 끓여서 소스를 만들어도 좋다.

청경채돼지고기탕면

재료 소면 70g, 청경채 2개, 마늘 2개, 양파 1/4개, 삶은 돼지고기 50g, 고기 육수(돼지고기 삶은 물) 2컵, 홍고추 1/2개, 조선간장 2작은술, 후춧가루 약간

01 소면은 끓는 소금물에 삶는다. 삶다가 부글부글 끓어오르면 찬물을 약간 붓는다. 면이 다 익으면 충분히 헹궈 전분기를 없애고 물기를 뺀다.
02 청경채는 3등분 하고, 마늘은 편썬다. 양파는 도톰하게 채썰고, 돼지고기는 얇게 편썰고 홍고추는 어슷썬다.
03 체에 키친타월을 깔고 육수를 부어 불순물을 거른다.
04 냄비에 청경채 줄기 부분과 마늘, 양파를 넣고 볶다가 겉면이 노릇해지면 ③을 넣고 끓인다.
05 육수가 끓기 시작하면 고기, 청경채 잎 부분과 홍고추, 소면을 넣는다. 간장과 후춧가루로 간하고 한소끔 끓으면 그릇에 담아 낸다.

// single's tip
육수에 소면을 넣어 한소끔 끓여야 소면에 맛이 베이면서 국물과 잘 어우러진다.

낙지팽이버섯우동 98p

재료 낙지 1마리, 팽이버섯 40g, 양파 1/4개, 파 5cm, 우동 1인분, 다시마 육수 2컵, 국간장 1작은술, 후춧가루 약간

01 낙지는 한입크기, 팽이버섯은 4cm로 썬다. 양파와 파는 도톰하게 채썬다.
02 우동은 봉지에 적힌 시간을 참조하여 끓는 소금물에 삶고 찬물로 여러 번 헹궈 전분기를 뺀다.
03 다시마 육수, 양파와 파를 넣고 끓기 시작하면 불을 줄인다. 파와 양파가 투명해질 때까지 약한 불에서 10분 정도 끓인다.
04 파와 양파가 물러지면 삶은 우동면, 간장, 팽이버섯을 넣고 끓인다.
05 한소끔 끓으면 낙지를 넣고 낙지가 불투명한 색으로 변하면 그릇에 담아 낸다.

single's tip
취향에 따라 소금과 후춧가루로 간을 더하고 고춧가루나 고추양념장(147p 참조)을 곁들인다.

숙주볶음우동

재료 우동 1인분, 당근 4cm 1/2개, 양파 1/4개, 파 5cm, 기름 약간, 굴소스 2큰술, 조선간장 1작은술, 청주 1큰술, 숙주 50g, 후춧가루 약간, 날치알 2큰술, 통깨 약간

01 우동은 끓는 물에 데쳐서 준비한다.
02 당근, 양파, 파는 가늘게 채썬다.
03 기름을 두른 팬에 양파와 당근을 넣고 볶는다. 양파가 투명해지고 당근이 부드러워지면 우동과 굴소스, 간장, 청주, 후춧가루를 넣고 간이 베이도록 볶는다.
04 우동에 간이 베이면 숙주와 파를 넣고 한번 골고루 섞어 날치알과 통깨를 뿌려 낸다.

single's tip
우동을 삶을 땐 어느 정도 끓여서 면이 풀어지면 젓가락으로 살살 풀어주는 것이 면이 고루 익고 끓어지지 않아 좋다.

가지연두부덮밥

재료 가지 1/3개, 양파 1/4개, 참기름 1큰술, 다시마 육수 1/2컵, 조선간장 1큰술, 설탕 2작은술, 고춧가루 1/2큰술, 연두부 1/2팩, 파 3cm, 밥 1공기

01 가지는 반으로 잘라 어슷썰고, 양파는 도톰하게 채썬다.
02 달군 팬에 참기름을 두른 뒤 양파와 가지를 넣고 볶는다. 양파가 투명해지면 다시마 육수에 간장, 설탕, 고춧가루를 넣어 끓인다.
03 가지가 익으면 연두부를 숟가락으로 떠 넣고 한소끔 더 끓인다. 송송 썬 파를 넣고 밥 위에 얹어 통깨를 뿌려 낸다.

single's tip
연두부를 먼저 넣으면 삼투압 현상으로 수분이 빠지면서 양념 맛도 묽어지고 연두부는 단단해져 좋지 않다. 때문에 마지막에 넣고 따뜻해질 정도로만 끓여 낸다.

도라지고추장구이덮밥 104p

재료 밥 1공기, 도라지 50g, 고추장 1큰술, 조청 1/2큰술, 다진 파 1/2큰술, 통깨 1큰술

01 방망이로 도라지를 두들겨 납작하게 만든다.
02 ②를 적당한 크기로 썬다.
03 마른 팬에서 노릇하게 굽는다.
04 양념장을 붓고 타지 않도록 볶는다.
05 밥 위에 ④를 얹고 통깨와 다진 파를 얹어 낸다.

// single's tip
밥까지 골고루 비벼 먹을 수 있도록 양념장을 넉넉하게 만들어 준비한다.

#04
한가지 재료로 만드는
재활용요리

친구라도 놀러온 날에는 꼭 시켜 먹는 배달 음식
시간내서 한 끼 만들어 먹으면 어김없이 냉동실로 직행하는 채소들
식으면 맛 없고 놔두면 상하는 애물단지를
맛있는 요리로 변신시켜줄 마법의 레시피
이제부턴 남은 채소, 배달 음식 스트레스와 작별할래

달걀

달걀파볶음밥
식용유 2큰술, 파 15cm, 찬밥 1공기, 소금·후춧가루 약간, 달걀 2개

달걀탕
달걀 1개, 소금·후춧가루 약간, 다시마 육수 1컵, 파 3cm

뚝배기달걀간장찜
참기름 1큰술, 다시마 육수 2/3컵, 달걀 3개, 조선간장 1큰술, 파 5cm

달걀파볶음밥
01 달군 팬에 기름을 두르고 송송 썬 파를 넣어 파의 향이 배이도록 약한 불에서 3분 정도 볶는다.
02 기름에서 파의 향이 나면 밥을 넣고 골고루 볶다가 소금과 후춧가루로 간한다. 숟가락을 세워서 가르듯이 볶아주면 밥알이 짓눌리지 않는다.
03 달걀에 소금을 넣어 풀어준 후 팬 한쪽에서 몽글몽글하게 스크램블 하여 볶은 밥과 골고루 섞는다.

달걀탕
01 달걀을 소금과 후춧가루 간을 하여 곱게 푼다.
02 냄비에 다시마 육수를 넣고 팔팔 끓기 시작하면 약한 불에서 동그란 원을 그리면서 ①을 붓는다.
03 달걀이 부드럽게 익으면 파를 넣고 소금과 후춧가루로 간한다.

뚝배기달걀간장찜
01 뚝배기 옆면에 참기름을 골고루 바르고 다시마 육수를 넣어 끓인다.
02 다시마 육수가 끓으면 중간 불에서 곱게 풀어준 달걀과 간장을 넣는다. 반 정도 익으면 젓가락으로 섞는다.
03 달걀이 끓으면서 반 정도 익으면 송송 썬 파를 넣고 뚜껑을 덮어 약한 불에서 고루 익힌다.

single's tip

※ 달걀을 삶아서 닭안심살간장조림처럼 조림을 해두어도 좋다.

※ **달걀파볶음밥**
파가 타지 않게 주의하면서 충분히 볶아 향이 배어나도록 한다. 파는 0.2cm 정도로 얇게 썰어주는 것이 좋다.
갓 지은 뜨거운 밥보다는 찬밥이나 냉동실에 얼린 밥을 약간 해동해 사용하면 밥알 하나하나에 고루 맛이 배어 더 좋다.

※ **달걀탕**
달걀을 넣을 때에는 약한 불로 줄인 뒤 넣어야 달걀이 부드럽게 익는다. 너무 센 불에서 익히면 달걀이 단단해지므로 주의한다.

※ **뚝배기달걀간장찜**
뚜껑을 덮고 약한 불에서 익혀 달걀이 눋지 않도록 주의한다. 조선간장 대신 새우젓을 넣으면 깔끔한 맛을 낼 수 있다.

남은 채소

모듬밥
남은 당근·감자·양파 적당량, 불린 쌀 1/3컵, 다시마 육수 적당량

구운채소커리
남은 당근·감자·파·양파·마늘 적당량, 기름 1큰술, 다시마 육수 1컵, 분말 카레 2큰술, 우유 1/2컵

채소당면덮밥
남은 당근·감자·양파 적당량, 당면 10g, 참기름 1큰술, 다시마 육수 1컵, 조선간장 1큰술, 설탕 1작은술, 파 약간

모듬밥
01 채소는 1X1cm 크기로 깍둑썬다. 쌀은 깨끗이 씻어 불린다.
02 채소와 불린 쌀을 골고루 섞어준 후 다시마 육수를 불린 쌀 높이만큼 붓고 고슬고슬하게 밥을 짓는다.
03 취향에 따라 양념장이나 버터를 곁들인다.

구운채소커리
01 남은 채소는 한입크기로 잘라 마른 팬에서 뚜껑을 덮고 타지 않도록 겉면만 노릇하게 굽는다.
02 ①에서 남은 채소는 잘게 잘라서 준비한 후 기름을 두른 냄비에 넣고 볶는다. 겉면이 노릇하게 익으면 다시마 육수를 넣고 약한 불에서 10분 정도 뭉근하게 끓인다.
03 채소가 부드럽게 익으면 분말 카레를 넣고 곱게 풀어준 후 한소끔 끓으면 우유를 넣고 끓인다.
04 그릇에 담고 구운 채소를 올린다. 그릴 팬에 채소를 구우면 보기 좋다.

채소당면덮밥
01 채소는 모두 먹기 좋은 크기로 썬다. 당면은 따뜻한 물에 충분히 불린다.
02 팬에 참기름을 두르고 ①을 볶는다.
03 겉면이 익으면 다시마 육수를 넣고 뚜껑을 덮고 약한 불에서 15분 정도 부드럽게 익힌다.
04 채소가 익으면 간장과 설탕, 당면을 넣고 맛이 배이도록 끓인 후 파를 넣어 마무리한다.

single's tip
※ 남은 채소를 잘게 다져 달걀말이에 넣거나, 된장국에 넣거나, 전을 부쳐먹어도 좋다.

※ 구운채소커리
커리에서 깊은 맛이 나도록 채소를 잘게 썰어서 뭉근하게 끓여주는 것이 좋다. 우유를 넣으면 부드러운 맛이 나는데 우유 대신 플레인 요거트나 생크림을 넣어도 색다른 맛을 즐길 수 있다.

※ 채소당면덮밥
국물을 넉넉하게 남겨두면 밥을 다 먹을 때까지 촉촉한 맛을 즐길 수 있다. 감자와 양파를 부드럽게 으깨서 밥과 함께 비벼 먹으면 맛있다.

고추

고추양념장
고추 3개, 멸치가루 1큰술, 국간장 1큰술, 정종 1큰술, 조청 1작은술, 깨 1큰술

고추찹쌀찜
고추 5개, 찹쌀가루 3큰술 [양념장] 간장 1작은술, 정종 2작은술, 조청 1작은술, 다진 파·마늘 1/4작은술

고추장아찌
고추 5개, 간장·설탕·식초·물 2큰술씩

고추양념장
01 고추는 곱게 다진다.
02 곱게 다진 고추와 멸치가루, 국간장, 정종, 조청, 깨를 넣고 모두 골고루 섞어 통에 담아 보관한다.

고추찹쌀찜
01 고추는 반으로 가른 후 찹쌀가루를 얇게 묻힌다.
02 찜통에 종이호일을 깐다. 김이 오르면 찹쌀가루를 입힌 고추를 서로 겹치지 않도록 단면을 밑으로 해 넣고 찹쌀가루가 익을 때까지 15분 이상 익힌다.
03 고추와 찹쌀가루가 익으면 분량의 [양념장]을 골고루 섞은 후 꼼꼼히 바른다.

고추장아찌
01 고추는 깨끗이 씻어 물기를 제거하고 분량의 간장, 설탕, 식초, 물을 넣고 끓인다. 끓이면서 생기는 거품을 거둬낸다.
02 고추는 꼭지를 짧게 떼어내고 이쑤시개로 끝에 구멍을 낸다.
03 밀폐용기에 고추를 넣고 뜨거운 상태의 ①을 붓는다.
04 뚜껑을 덮어 밀폐한다.
05 3일 후에 다시 한번 양념장만 따라내어 끓인다. 식힌 뒤 밀폐용기에 넣고 맛이 베이면 먹는다.

single's tip
※ 돼지고기 안심, 피망 잡채처럼 가늘게 채썰어서 잡채로 이용해도 좋다.

※ 고추양념장
고추는 최대한 곱게 다진다. 매운 맛을 좋아하는 사람은 청양고추를 다져 넣어도 좋다. 만든 고추양념장은 부침개 양념장, 국수 양념장 등으로 사용하면 좋다.

※ 고추찹쌀찜
비닐봉지에 찹쌀가루와 고추를 넣어 흔들면 설거지거리가 줄어들고 고추에 찹쌀가루를 골고루 묻힐 수 있어 좋다.

※ 고추장아찌
이쑤시개로 고추에 구멍을 내면 속까지 양념이 잘 베어 좋지만, 고추를 먹을 때 속에 있던 국물이 나온다는 점, 참고하자. 고추를 다 건져 먹은 뒤에는 매콤한 맛이 벤 양념장을 버리지 말고 활용한다. 밥을 비벼 먹거나 전을 찍어 먹어도 좋다.

양파

양파김치
양파 3개, 조선간장 1큰술, 물 1큰술, 건고추 1개, 고춧가루 2큰술, 다진 마늘 1큰술

납작양파구이
양파 1개, 청주 약간, 물 약간

양파피클
양파 4개, 물 2컵, 설탕 1컵, 꽃소금 1/4컵, 식초 3/4컵, 피클링스파이스 3큰술, 건고추 1개

양파김치
01 양파는 껍질을 벗기고 뿌리가 붙어 있도록 4등분으로 자른다.
02 자른 양파는 간장과 물을 고루 뿌려 3시간 정도 숨이 죽을 때까지 돌려가면서 절인다. 건고추는 어슷하게 잘라 자작한 정도로 물을 부어 불린다.
03 양파를 절인 국물에 불린 건고추를 넣어 곱게 간다.
04 간 양념에 고춧가루와 다진 마늘을 넣고 골고루 섞은 후 절인 양파와 함께 고루 버무려 담는다.
05 실온에서 2일 정도 익혀서 양파가 부드러워지면 먹는다.

납작양파구이
01 양파는 1cm 두께로 단면이 나오도록 썬다.
02 마른 팬에 양파를 넣고 청주를 부은 후 뚜껑을 덮고 물을 간간히 넣어가면서 찌듯이 부드럽게 익힌다.
03 양파가 부드러워지면 뚜껑을 열고 앞뒤로 노릇하게 익힌다.

양파피클
01 양파는 깨끗이 씻어서 껍질을 벗기고 4등분한다.
02 물, 설탕, 소금, 식초, 피클링스파이스를 넣고 설탕과 소금이 녹아 없어질 때까지 따끈하게 끓인다.
03 병에 건고추와 자른 양파를 넣고 ②를 부어 뚜껑을 꽉 덮고 실온에 3일간 보관한 후 냉장보관하여 먹는다.

// single's tip

※ **양파김치**
건고추를 불려서 사용하면 김치 맛이 더 깊어진다.

※ **납작양파구이**
양파가 충분히 부드러워지도록 뚜껑을 덮고 익히는 것이 중요하다.

※ **양파피클**
피클링스파이스를 넣으면 여러 가지 향이 나서 맛이 더 좋지만, 없다면 집에 있는 통후추나 월계수잎 등의 향신료로 대체해도 좋다.

파

대파조림
파 2개, 건고추 1개, 청양고추 1개 [양념장] 간장 1큰술, 조청 1큰술, 청주 1큰술, 다시마 육수 1/2컵

파생채
파 1/2개, 고춧가루 1작은술, 설탕 3큰술, 소금 1/4작은술, 식초 3큰술, 통깨 약간

된장파구이
파 2개, 된장 1큰술, 조청 1큰술

대파조림
01 대파는 3cm 길이로 자르고, 건고추와 청양고추는 어슷썬다.
02 냄비에 ①과 [양념장]을 넣고 끓인다.
03 끓기 시작하면 약한 불에서 15분 이상 윤기나게 조린다.

파생채
01 파는 파채용 칼을 이용해서 가늘게 썰거나 5cm 길이로 잘라 가늘게 채썬다.
02 찬물에 10분 정도 담가 끈기를 제거한 후 체에 걸러 물기를 뺀다.
03 고춧가루와 설탕에 골고루 버무린 후 소금을 넣고 식초를 마지막에 골고루 섞어 버무린 후 통깨를 뿌려 낸다.

된장파구이
01 파는 5cm 길이로 잘라 약한 불에서 뚜껑을 덮고 부드럽게 익힌다.
02 뚜껑을 열어 앞뒤로 노릇하게 익힌다.
03 된장과 조청을 골고루 섞어 구운 파에 뿌린다.

single's tip

※ 대파조림
익은 파는 매운 맛이 사라지고 달달한 맛이 난다. 밥 위에 양념장을 넉넉히 올려 먹으면 대파조림 하나로도 간단하게 한 끼를 먹을 수 있다.

※ 파생채
고춧가루를 빼면 하얀 파생채를 즐길 수 있고, 소금 대신 간장을 넣어서 요리하면 감칠맛이 나서 좋다. 파를 채썰 땐 가운데 두꺼운 심을 빼낸 후 썰어야 부드러운 맛을 즐길 수 있다.

※ 된장파구이
된장 대신 고추장을 섞어도 된다. 너무 두꺼운 파는 적당한 굵기로 썰어 요리한다.

마늘

알리오올리오파스타
스파게티 70g, 올리브오일 2큰술, 마늘 4개, 건고추 1개, 허브솔트 약간

마늘조림
마늘 10개, 건고추 1개, 들기름 1큰술, 간장 1큰술, 조청 1큰술, 정종 1큰술

마늘밥
마늘 3개, 쌀 1/3컵, 다시마 육수 적당량

알리오올리오파스타
01 스파게티는 끓는 소금 물에 봉지에 적혀 있는 시간대로 삶고 삶은 물은 1/2컵 정도 남겨둔다.
02 달군 팬에 올리브오일을 두른 후 중간 불에서 편썬 마늘과 어슷썬 건고추가 타지 않도록 향을 낸다.
03 향이 충분히 기름에 베이면 삶은 스파게티와 파스타 삶은 물, 허브솔트를 뿌리고 골고루 버무려 맛을 낸다.

마늘조림
01 마늘은 크기에 따라 2등분 혹은 3등분하고 건고추는 어슷썬다.
02 달군 팬에 들기름을 두른 후 마늘과 건고추를 넣고 달달 볶는다.
03 마늘의 겉면이 노릇하게 구워지면 분량의 간장, 조청, 정종을 넣고 약한 불에서 윤기가 나도록 조린다.

마늘밥
01 마늘은 크기에 따라 2등분 혹은 3등분한다. 쌀은 깨끗이 씻어 불린다.
02 불린 쌀과 마늘을 냄비에 넣고 쌀 높이만큼 다시마 육수를 부어 밥을 짓는다.

single's tip

※ **알리오올리오파스타**
고추와 마늘을 넣어 향을 낼 땐 올리브오일을 충분히 넣어야 한다. 이때 너무 센 불에서 가열하면 겉면만 타고 향은 나지 않는다. 또 너무 약한 불에서 가열하면 마늘 향이 베어나오기도 전에 기름을 마늘이 흡수하게 되므로 향을 뺄 땐 불 조절에 특히 신경 써야 한다.

※ **마늘조림**
충분히 볶은 후에 졸여야 쫄깃한 식감이 살아난다.

당근

당근맛탕
당근 1개, 기름 1큰술, 조청 1큰술, 물 1큰술, 설탕 1큰술

당근전
당근 1/2개, 물 1큰술, 밀가루 3큰술, 소금 약간, 부침용 기름 약간

당근김치
당근 5cm, 고춧가루 2/3큰술, 식초 2큰술, 소금 1/4작은술, 설탕 약간

당근맛탕
01 당근은 먹기 좋은 크기로 썬다.
02 냄비에 당근이 잠길 정도의 물을 넣고 당근을 익힌다.
03 당근이 익으면 기름을 약간 두른 팬에서 겉면만 노릇하게 볶듯이 튀긴다.
04 분량의 조청, 물, 설탕을 넣고 한소끔 끓인 후 당근을 골고루 넣어 버무린다.

당근전
01 당근은 강판에 곱게 간다.
02 분량의 물, 밀가루를 넣고 골고루 섞어준 후 소금을 넣는다.
03 기름을 두른 팬에서 부친 후 한입크기로 자른다. 취향에 따라 고추장이나 된장을 섞어도 맛이 좋다.

당근김치
01 당근은 편썰어 다시 채썬다.
02 고춧가루를 골고루 버무려 절인다.
03 당근이 부드러워지면 분량의 소금과 식초, 설탕을 넣고 골고루 버무린다.

// single's tip

※ **당근맛탕**
기름을 잔뜩 준비해 전체적으로 튀기면 더 맛있지만 칼로리가 높아진다는 단점이 있다. 당근을 삶은 후 겉면만 튀기면 낮은 칼로리로 당근맛탕을 즐길 수 있다.

감자

감자수프
감자 1개, 물 1/2컵, 우유 1컵, 허브솔트 약간

감자팬케이크
감자 1개, 밀가루 1작은술, 허브솔트 약간, 부침용 기름 약간

감자국
감자 1/4개, 청고추 약간, 들기름 1큰술, 다시마 육수 1과 1/2컵, 소금 약간

감자수프
01 감자는 껍질째 깨끗이 씻은 후 채썰어 분량의 물을 넣고 끓인다.
02 감자가 익으면 믹서기에 곱게 간 후 냄비로 옮겨 담는다.
03 우유를 넣은 뒤 한소끔 끓이고 허브솔트로 간한다.

감자팬케이크
01 감자는 최대한 가늘게 채썬 후 밀가루와 허브솔트를 넣고 살짝 버무린다.
02 달군 팬에 기름을 두른 후 ①을 동그란 모양으로 만들면서 올린다.
03 한쪽 면이 노릇하게 익으면 뒤집어서 익힌다.

감자국
01 감자는 나박썰고 청고추는 어슷썬다.
02 냄비에 들기름을 두르고 감자를 넣은 뒤 약한 불에서 5분 정도 볶는다.
03 감자가 투명하게 충분히 볶아지면 다시마 육수를 넣고, 끓기 시작하면 약한 불에서 10분 정도 끓인다.
04 감자가 뭉근하게 익으면 청고추를 넣고 소금으로 간한다.

single's tip

※ **감자수프**
감자의 전분으로 농도를 더할 땐 감자를 물에 넣어 둬선 안 된다. 갈변현상이 일어나지 않도록 조리 직전에 바로 썰어 넣는 것 또한 중요하다.

※ **감자팬케이크**
감자의 전분과 밀가루가 더해져 달걀을 넣지 않아도 형태가 유지된다. 이때 감자는 최대한 얇게 채썰어야 부드럽게 씹히는 식감을 느낄 수 있다.

※ **감자국**
감자를 충분히 볶아주어야 깊은 맛이 우러난다. 매운 맛을 좋아한다면 취향에 따라 청양고추를 넣어도 좋다.

삼겹살

삼겹살채소덮밥
삼겹살 2장, 파 10cm, 마늘 3개, 양파 1/4개 [양념장] 간장 2작은술, 고춧가루 1작은술, 조청 2작은술, 정종 1큰술

삼겹살샐러드
삼겹살 2줄, 샐러드 채소 40g, 칠리소스 약간 [양념장] 다진 파 1큰술, 다진 마늘 1/2큰술, 다진 고추 1작은술, 고추장 1큰술, 고춧가루 1/2작은술, 조청 1작은술

삼겹살채소덮밥
01 삼겹살은 한입크기로 썰고, 파는 얇게 송송 썬다. 마늘은 편썰고 양파는 도톰하게 채썬다.
02 팬에 삼겹살과 양파, 마늘을 넣고 같이 볶는다.
03 삼겹살이 익으면 기름을 빼고 분량의 [양념장]을 넣고 골고루 버무려가며 익힌다.
04 따뜻한 밥 위에 양념한 삼겹살을 올리고 파를 듬뿍 올려 낸다.

삼겹살샐러드
01 삼겹살은 골고루 익힌 후 한입크기로 썰어 분량의 [양념장]에 골고루 버무려 한번 더 익힌다.
02 샐러드 채소를 깨끗이 씻은 후 삼겹살을 올리고 칠리소스를 곁들인다.

single's tip
※ 남은 고기는 찌개 끓일 때 조금씩 넣으면 좋다.

린 삼겹살은 모두 익은 것이므로 타지 않도록 약한 불에서 익힌다. 파는 최대한 얇게 썰어야 씹을 때 식감을 해치지 않는다.

삼겹살 샐러드
매콤한 양념장이 삼겹살의 느끼함을 잡아준다. 칠리소스가 없을 때는 양념장을 여유 있게 만들어서 곁들여 먹어도 좋다.

족발

마늘소스냉채족발
파 1개 [마늘소스] 다진 마늘 2큰술, 식초 2큰술, 설탕 1큰술, 소금 1/4작은술, 남은 족발

매콤족발볶음
정종 1큰술, 간장 1작은술, 고춧가루 1큰술, 다진 마늘 1큰술, 남은 족발·상추·마늘

마늘소스냉채족발
01 파는 파채용 칼을 이용해서 가늘게 썰거나, 5cm 길이로 잘라 가늘게 채썬 후 찬물에 10분간 담가 끈기를 제거하고 마늘은 곱게 다진다.
02 [마늘소스] 재료를 골고루 섞는다.
03 ②에 물기를 제거한 파를 골고루 버무린다.
04 족발 위에도 마늘소스를 골고루 뿌려 파와 함께 먹는다.

매콤족발볶음
01 정종, 간장, 고춧가루, 다진 마늘, 설탕을 골고루 섞은 후 남은 족발을 골고루 버무려 10분간 재운다.
02 기름을 두른 팬에 ①을 넣고 앞뒤로 타지 않게 굽는다.
03 남은 상추와 마늘과 함께 쌈으로 싸서 먹는다.

// single's tip

※ **마늘소스 냉채족발**
마늘을 곱게 채썰어서 씹히는 맛이 거슬리지 않도록 해야 좋다.

※ **매콤한 족발볶음**
타지 않도록 굽는 것이 중요하다. 족발에 양념을 하면 냄새가 제거되어 누린내 걱정 없이 즐길 수 있다.

치킨

유린기
파 1대, 남은 치킨 6조각, 기름 [양념장] 조선간장 1큰술, 사과식초 1과1/2큰술, 황설탕 1과1/2큰술, 다진 마늘 1/2큰술, 물 1큰술, 다진 청·홍고추 1/4개씩, 참기름 1/2큰술

파절이치킨
파 1대, 남은 치킨, 기름 [양념장] 식초 2큰술, 겨자 1큰술, 설탕 1큰술, 소금 1/8작은술

유린기
01 파는 파채용 칼을 이용해서 가늘게 썰거나, 5cm 길이로 잘라 가늘게 채썬 후 찬물에 10분 정도 담가 끈기를 제거한다.
02 남은 치킨은 기름을 약간 두른 팬에 돌려가면서 바삭하게 익힌다.
03 분량의 [양념장]을 골고루 섞은 후 한소끔 끓인다.
04 양념장을 물기를 제거한 파에 골고루 버무린다. 남은 [양념장]은 치킨 위에 골고루 뿌린다.

파절이치킨
01 파는 파채용 칼을 이용해서 가늘게 썰거나, 5cm 길이로 잘라 가늘게 채썬 후 찬물에 10분 정도 담가 끈끈한 것을 제거한다.
02 남은 치킨은 기름을 약간 두른 팬에 돌려가면서 바삭하게 익힌다.
03 분량의 [양념장]을 골고루 섞은 후 물기를 제거한 파를 골고루 버무려 치킨과 곁들인다.

// single's tip
※ 남은 치킨을 앞에 나온 닭다리살덮밥처럼 만들어 먹거나, 칠리소스와 버무려서 칠리치킨을 만들어 먹어도 좋다.
※ 유린기
약한 불에서 익혀야 속까지 바삭하게 익는다. 뚜껑을 덮고 데우다가 따뜻해지면 골고루 돌려가면서 뚜껑을 열고 굽는 게 좋다. 오랫동안 끓이면 양념장이 졸아들므로 마늘의 향이 고루 퍼질 정도로 한번만 살짝 끓여줘야 좋다.

보쌈

김치찜보쌈
파 10cm, 김치 1/8포기, 김칫국물 1/2컵, 다시마 육수 1컵, 설탕 약간, 남은 보쌈

고추장양념보쌈
남은 보쌈, 다진 파 1작은술, 통깨 1작은술 [양념장] 고추장 1큰술, 고춧가루 1/2큰술, 설탕 1/2큰술, 다진 마늘 1/2작은술, 정종 2큰술

김치찜보쌈
01 파는 어슷썬다.
02 냄비에 김치와 김칫국물, 다시마 육수, 설탕을 넣고 남은 보쌈을 넣은 후 김치가 무르도록 약한 불에서 20분간 끓인다.
03 보쌈에 맛이 베이고 김치가 무르면 파를 넣고 뜸을 들인다.

고추장양념보쌈
01 분량의 [양념장]을 골고루 섞은 후 남은 보쌈에 골고루 버무린다.
02 팬 위에서 양념한 보쌈을 타지 않게 굽고 다진 파와 깨를 올린다.

> **single's tip**
> ※ **김치찜보쌈**
> 김칫국물이 짜면 국물을 줄이고 육수를 더 부어준다. 신맛이 많이 나면 설탕을 넣고, 군내가 나면 식초를 조금 넣으면 좋다.
> ※ **고추장양념보쌈**
> 보쌈이 타지 않도록 약한 불에서 굽는 것이 포인트다.

신김치

김치파스타
스파게티 면 70g, 김치 1/10포기, 양파 1/4개, 파 약간, 올리브오일 2큰술, 고추장 2큰술, 고춧가루 1큰술, 우유 1/4컵, 설탕 1작은술

김치떡볶이
김치 1/8포기, 양파 1/2개, 파 약간, 참기름 약간, 고춧가루 1작은술, 설탕 1작은술, 김칫국물 1/2컵, 다시마 육수 1컵, 떡볶이 떡 100g

김치파스타
01 스파게티는 봉지에 적힌 시간대로 삶아 준비한다.
02 김치는 1cm 폭으로 송송 썰고, 양파는 채썰고, 파는 가늘게 어슷썬다.
03 팬에 올리브오일을 두르고 김치와 양파와 설탕을 중간 불에서 10분 정도 충분히 볶는다.
04 약한 불에서 고추장과 고춧가루를 넣고 함께 볶은 후 중간 불에서 우유를 넣고 한소끔 끓으면 파와 스파게티 면을 넣고 골고루 버무린다.

김치떡볶이
01 김치와 파는 송송 썰고, 양파는 도톰하게 채썬다. 떡은 찬물에 담가 불린다.
02 참기름을 두른 팬에 김치와 양파, 고춧가루, 설탕을 넣고 달달 볶는다.
03 김치와 양파가 충분히 볶아지면 김칫국물과 다시마 육수를 넣고 떡을 넣는다.
04 약한 불에서 떡에 맛이 베일 때까지 15분 정도 은근히 끓여준 후 맛이 베이면 파를 넣고 한소끔 더 끓인다.

// single's tip
※ 김치를 썰어서 고추장 : 식초 : 설탕 = 1 : 1 : 1/2로 섞어 국물까지 얹어 비빔국수를 하거나, 김치찌개를 끓여서 수제비를 넣어도 좋다.
※ 김치파스타
김치를 충분히 볶아주어야 맛이 좋다. 우유를 더 많이 넣으면 부드러운 맛이 살아난다. 소스 양이 적어 너무 된 느낌이라면 파스타 삶은 물을 넣어 조리한다.
※ 김치떡볶이
볶을 때 굴소스를 넣고 볶아주면 더욱 맛있다. 김치에서 군내가 나면 식초를 넣고, 신맛이 많이 나면 설탕을 조금 더 넣는다.

깍두기

깍두기볶음밥
깍두기 1/2컵, 참기름 약간, 깍두기 국물 4큰술, 찬밥 1공기, 통깨 약간, 김 약간, 파 약간

깍두기김치찌개
양파 1/4개, 파 5cm, 참기름 약간, 다진 마늘 1큰술, 깍두기 1컵, 정종 2큰술, 김칫국물 1/2컵, 다시마 육수 1컵

깍두기볶음밥
01 깍두기는 잘게 자른다.
02 참기름을 두른 팬에 잘게 자른 깍두기를 넣고 약한 불에서 10분 정도 볶다가 반 정도 익으면 깍두기 국물을 넣고 약한 불에서 끓인다.
03 깍두기가 충분히 물러지면 찬밥을 넣고 골고루 볶는다.
04 밥이 충분히 볶아졌을 때 통깨와 잘게 부순 김, 송송 썬 파를 넣어 마무리한다.

깍두기김치찌개
01 양파는 두껍게 채썰고, 파는 어슷썬다.
02 참기름을 두른 냄비에 양파와 다진 마늘, 깍두기를 넣고 달달 볶는다.
03 깍두기가 충분히 볶아지면 정종, 김칫국물, 다시마 육수를 넣고 끓인다.
04 끓기 시작하면 약한 불로 줄이고 10분 정도 끓인다. 간이 맞으면 파를 넣고 한소끔 더 끓여 그릇에 담아 낸다.

single's tip
※ 깍두기볶음밥
깍두기를 작게 썰어서 밥알과 부드럽게 섞여져야 씹는 맛이 좋다.

※ 깍두기김치찌개
김치의 짠 정도에 따라 국물이 짜지면 다시마 육수와 김칫국물의 비율을 조절하고, 김치 군내가 심하면 청주와 양파의 양을 늘리거나 식초를 한 방울 넣어 조리한다. 김치 맛에 따라 신맛이 강하면 설탕을 더 넣는다.

명절음식

나물밥누룽지
시금치·도라지·콩나물·고사리
나물 적당량, 밥 1공기, 간장
1작은술

가래떡나물피자
떡국 떡 100g, 나물 적당량, 피
자치즈 1/4컵

나물밥누룽지
01 나물과 밥을 골고루 섞어서 간장을 조금 넣어 비빈다.
02 마른 팬에 납작하게 펼쳐 굽는다.

가래떡나물피자
01 떡국 떡을 불린 뒤 끓는 물에 데친다.
02 프라이팬에 종이호일을 깔고 떡국 떡을 동그란 모양으로 만든다.
03 그 위에 피자치즈와 나물을 올린 뒤 프라이팬에 뚜껑 덮고 치즈가 녹을 때까지 약한 불에서 가열한다.

// single's tip

※ 남은 나물은 밀가루와 함께 전을 부쳐도 별미다. 명절에 싸주신 전은 따뜻하게 후라이팬에 구운 후 간장, 다진 마늘, 고춧가루를 넣은 양념장을 넣어서 먹으면 맛있다.

※ 나물밥누룽지
나물을 잘게 썰어서 섞으면 먹을 때 더 편리하다.

※ 가래떡나물피자
취향에 따라 칠리소스나 굴소스를 바르고 나물을 올려도 좋다.

밑반찬

오차즈케
물 1컵, 녹차 티백 1개, 매실장아찌 2개(짭짤한 반찬으로 대용 가능)

밑반찬김밥
식초 1큰술, 설탕 1/3큰술, 소금 약간, 밥 1공기, 김 1장, 남는 반찬 2큰술

오차즈케
01 따뜻한 물에 녹차 티백을 우린다.
02 밥 위에 매실장아찌를 얹는다.
03 녹차를 밥 위에 붓는다.

밑반찬김밥
01 식초, 설탕, 소금을 약간 넣어 밥에 양념을 한다.
02 김발을 깔고 김 위에 밥을 김의 2/3 정도 깐다.
03 밥 위에 반찬을 올려 만다.

> // single's tip
> ※ 오차즈케
> 매실짱아지 외에 짭짤한 밥반찬은 모두 가능하다. 멸치볶음이나 오징어채 볶음, 깻잎조림 등 좋아하는 반찬을 넣어 색다른 오차즈케를 만들어 먹어도 좋다.
> ※ 밑반찬김밥
> 반찬의 간에 따라서 넣는 양을 조절한다. 장아찌나 볶음 등 모두 괜찮다.

찾아보기

가래떡나물피자 170
가지 102, 138
가지나물 102
가지연두부덮밥 138
가지튀김 102
간장더덕구이 54
감자 156
감자국 156
감자수프 156
감자팬케이크 156
고등어 56, 115
고등어양배추찜 56
고추 146
고추양념장 146
고추장두부구이조림 54
고추장아찌 146
고추장양념보쌈 164
고추찹쌀찜 146
구운나물밥누룽지 170
구운채소커리 144
굴 72, 123
굴국 72
굴밥 123
김치떡볶이 166
김치찜보쌈 164
김치파스타 166
깍두기 168
깍두기김치찌개 168
깍두기볶음밥 168
깻잎 68, 121
깻잎조림 68
꽁치 104, 139
꽁치양념구이 104
낙지 98, 136
낙지볶음과 팽이버섯 98
낙지팽이버섯우동 136
날치알 100, 137
남은 채소 144
납작양파구이 148
느타리버섯 76, 125
느타리유부국수 125
느타리유부잡채 76
단호박 86, 130
단호박영양밥 86
단호박크림파스타 130
달걀 142
달걀탕 142
달걀파볶음밥 142
닭가슴살 78, 126
닭가슴살브로콜리샌드위치 126
닭다리살 64, 119
닭다리살간장덮밥 119
닭다리살아스파라거스구이 64
닭안심살 44, 109
닭안심살간장조림 44
닭안심살시금치파스타 109
당근 154

당근김치 154
당근맛탕 154
당근전 154
대구단호박탕수 86
대구전 86, 130
대파조림 150
더덕 54, 114
더덕밥 114
도라지 104, 139
도라지고추장구이덮밥 139
도라지나물 104
동파육 96
돼지고기 불고기용 58, 116
돼지고기 잡채용 82, 128
돼지고기 찜용 96, 135
돼지고기떡볶이 128
돼지고기쑥갓덮밥 116
돼지고기쑥갓찌개 58
돼지호박 62, 118
돼지호박볶음 62
된장파구이 150
두부 54, 114
뚝배기달걀간장찜 142
마 72, 123
마구이 72
마굴전 72
마늘 152
마늘밥 152
마늘소스냉채족발 160
마늘조림 152
마늘종 52, 113
매운마늘종조림 52
매콤족발볶음 160
명절음식 170
모듬밥 144
무 70, 122
무국 70
무밥 122
무생채 70
미나리 92, 133
미나리나물 92
미역 74, 124
미역고추장무침 74
밑반찬 172
밑반찬김밥 172
바지락(모시조개) 92, 133
바지락미나리국 92
배추 84, 129
배추굴소스볶음 84
배추볶음쌈장과 어묵구이 129
베이컨 52, 113
베이컨김치 56
베이컨마늘종말이 52
베이컨마늘종볶음파스타 113
보쌈 164
봉골레스파게티 133
부추 46, 110
부추겉절이 46

부추오너기리 110
브로콜리 78, 126
브로콜리닭가슴살촉촉구이 78
브로콜리수프 78
비엔나소시지 94, 134
비엔나소시지토마토리조또 134
비엔나소시지토마토볶음 94
삼겹살 70, 122, 158
삼겹살간장볶음 70
삼겹살샐러드 158
삼겹살채소덮밥 158
삼삼한 삼치조림 62
삼치 62, 118
삼치카레파스타 118
새우 66, 120
새우양송이크림파스타 120
쇠고기 구이용 74, 124
쇠고기 불고기용 88, 131
쇠고기 잡채용 50, 112
쇠고기미역국 74
쇠고기불고기 88
쇠고기양념장을 곁들인 미역밥 124
쇠고기우엉잡채밥 112
쇠고기우엉전 50
쇠고기우엉찜 50
쇠고기찹쌀구이 74
숙주 100, 137
숙주날치알굴소스볶음밥 100
숙주볶음우동 137
숙주오코노미야키 100
순두부 90, 132
순두부버섯찌개 90
스팸 68, 121
스팸깻잎고추장찌개 68
스팸깻잎주먹밥 121
시금치 44, 109
시금치고추장나물 44
시금치국 44
신김치 166
쑥갓 58, 116
쑥갓나물 58
아스파라거스 64, 119
아스파라거스초절임 64
알리오올리오파스타 152
애호박 80, 127
애호박구이양념장 80
애호박새우젓국찌개 80
양념순두부를 올린 표고구이덮밥 132
양배추 56, 115
양배추국 56
양배추김치 56
양배추쌈밥 115
양상추 60, 117
양상추쌈밥 60
양상추크래미냉채 60
양송이버섯 66, 120
양송이장아찌 66

양파 148
양파김치 148
양파피클 148
어묵 84, 129
어묵배추된장국 84
연두부 102, 138
연두부탕 102
오이 42, 108
오이나물비빔밥 42
오징어 42, 108
오징어국 42
오징어오이샐러드 42
오차즈케 172
와사비크래미양상추 117
우엉 50, 112
우엉볶음 50
우엉찹쌀찜 50
유린기 162
유부 76, 125
유부고추장된장찌개 76
조기 46, 110
조기고추장구이 46
족발 160
주꾸미 80, 127
주꾸미데침 80
주꾸미볶음덮밥 127
중국식새우양송이탕 66
참치 48, 111
참치죽 48
참치파프리카밥전 111
찹쌀오징어순대조림 108
채소당면접밥 144
청경채 96, 135
청경채돼지고기탕면 135
청경채찜 96
치킨 162
칠리숙주나물 100
콩나물 88, 131
콩나물국 88
콩나물밥 131
콩나물조림 88
크래미 60, 117
토마토 94, 134
토마토샐러드 94
파 150
파생채 150
파절이치킨 162
파프리카 48, 111
파프리카잡채 48
팽이버섯 98, 136
팽이버섯전 98
표고버섯 90, 132
표고버섯장조림 90
피망 82, 128
피망국 82
피망잡채 82

SPAM® Classic
특별한 나를 위한, 특별한 한끼 식사!

3가지 다양한 맛으로 기분 따라 스타일 따라,
골라먹는 즐거움을 맛보세요!

스팸싱글™ 은 이럴 때 더욱 좋습니다!

간편한 아침식사 샌드위치에, 쏙~
혼자서 한끼 식사를 해결해야 할 때, 쏙~
여행, 나들이 떠날 때 주머니에, 쏙~

스팸싱글™ 양파　　스팸싱글™ 클래식　　스팸싱글™ 모짜렐라치킨